Finanzielle Freiheit

Wie Menschen leben, die nicht mehr arbeiten müssen

Von Gisela Enders

Bibliografische Information der Deutschen Nationalbibliothek:
Die Deutsche Nationalbibliothek verzeichnet diese Publikation in der Deutschen Nationalbibliografie; detaillierte bibliografische Daten sind im Internet über http://dnb.dnb.de abrufbar.

Titelbild:Sacha Heck
Lektorat: Renate Balder
Herstellung und Verlag: BoD – Books on Demand, Norderstedt

ISBN 978- 3 -7412-8028-3

Inhaltsverzeichnis

Vorwort

Finanzielle Freiheit? Was ist das nun wieder? Reiche Menschen, die immer genug Geld haben? Natürlich könnte man diese Definition auch gelten lassen. Sie ist aber nicht die passende, für die Menschen, die in diesem Buch zu Wort kommen.

Auch wenn es keine eindeutige Definition von finanzieller Freiheit gibt, so ist doch bei allen gemeinsam, nicht mehr für Geld arbeiten zu müssen. Also durch eigene Lösungen und meist Kapitalanlagen, genügend Mittel zu erwirtschaften, um die Lebenshaltungskosten zu decken. Viele finanziell freie Menschen arbeiten trotzdem noch, viele leben bescheiden und sind in unserer Gesellschaft nicht zu erkennen. Eine andere Definition ist aber auch sinnig und ergänzt die erste. Nämlich den eigenen Lebensstil so zu gestalten, dass Geld in keinem großen Umfang gebraucht wird.

Auf der Suche nach Interviewpartnern habe ich schnell gemerkt, dass Menschen, die die finanzielle Freiheit anstreben, relativ leicht zu finden sind. Besonders im Internet gibt es eine Fülle von Blogs, in welchen Menschen ihre Strategie, ihre Wünsche und ihren Weg beschreiben. Menschen, die dieses Ziel bereits erreicht haben, sind nicht so leicht zu finden. Sie zeigen sich weniger offen und sie sind schon gar nicht an Statussymbolen zu erkennen. Es war eine aufwendige Suche, diese Menschen zu finden und nicht alle haben zugesagt, für ein Buch ein Interview zu geben. Um so mehr freue ich mich über die, die mit mir gesprochen haben, und die mir einen tiefen Einblick in ihr Leben und den Weg dorthin ermöglicht haben. Dabei zeigt sich, dass auch Menschen, die nicht mehr arbeiten müssen, ihren Weg finden müssen. Er ist nicht immer einfach, er ist manchmal nur anders. In jedem Fall liefert er neue Optionen und Möglichkeiten. Für viele Menschen bedeutet es einen wesentlichen Schritt Richtung Freiheit, nicht mehr arbeiten zu müssen.

Ich hoffe, dass die Gespräche mit meinen Interviewpartnern viel Inspiration liefern, vielleicht auch das eigene Leben nochmal auf den Prüfstand zu stellen und zu überlegen, welche Aspekte von Freiheit für das eigene Leben umsetzbar sind und ob man bereit ist, den Preis dafür zu bezahlen. Der Preis bedeutet für die meisten übrigens einen sehr sparsamen Lebensstil sowie geschickte und mutige Investments. Eigentlich einfach, trotzdem machen sich nur wenige Menschen auf, dieses Ziel zu erreichen.

Warum finanzielle Freiheit ein Ziel sein könnte

In der Regel wachsen wir auf mit bestimmten Wertvorstellungen. Dazu gehören auch Vorstellungen zu unserem Werdegang. Klassischerweise sind dies 10 bis 13 Jahre Schulbildung, 2 bis 6 Jahre Ausbildung oder Studium und dann eine oder mehrere Arbeitsstellen bis zur Rente. Mit wahlweise 63, 65 oder 67 geht es dann in den wohlverdienten Ruhestand.

In den letzten Jahren oder bereits Jahrzehnten löst sich dieses Bild vom „normalen Werdegang" zunehmend auf. Am Anfang meiner Berufslaufbahn habe ich bei den einen oder anderen größeren Unternehmen noch Menschen kennengelernt, die ihr 30- oder sogar 40jähriges Berufsjubiläum beim selben Arbeitgeber gefeiert haben. Einige von diesen Unternehmen wurden später aufgekauft, und ich musste dann auch erleben, wie langgediente Mitarbeiter „abgewickelt" wurden. Dies ist heute immer mehr zur Normalität geworden. Man fängt nicht mehr bei einem Arbeitgeber an und bleibt dort sein ganzes Leben. Man rechnet damit gar nicht mehr. Und man findet es auch nicht mehr attraktiv. Da die vermeintliche Sicherheit nach einem festen Arbeitsplatz sowieso nicht mehr eingehalten wird, muss man auch nicht seine Seele an ein und denselben Arbeitgeber verkaufen. Stattdessen lernen viele junge Menschen befristete Anstellungsverhältnisse und Werkverträge kennen. Arbeit verändert sich und damit der Stellenwert von Arbeit allgemein. Einige reagieren darauf mit der Suche nach der festen sicheren Anstellung. Möglichst unbefristet. Dafür werden viele Kompromisse eingegangen, was die Arbeitsweise, die Inhalte und die Arbeitsbelastung angeht. Andere versuchen ihr Glück in der Selbständigkeit und verzichten auf vermeintliche Sicherheit.

In meinen Coachings erlebe ich sie alle. Besonders bei den Angestellten bin ich manchmal fasziniert, wie viel Stress und Belastung Menschen bereit sind auszuhalten. Ich erlebe sie als fast schon gefangen in dem Konstrukt von Arbeit und ihrem darum gebauten Leben. Das Leben verursacht Kosten, in Konsequenz kann die Arbeit nicht reduziert oder gar beendet werden. Denn die Kosten wollen ja gedeckt werden. Dabei schaukeln sich Einnahmen und Ausgaben in einem faszinierenden Gleichgewicht hoch. Günstigstenfalls. Ich habe auch mit Menschen zu tun, bei denen sich die Ausgaben schneller entwickeln, als die Einnahmen. Logisch, dass sich hier der Druck, auf jeden Fall die Stelle zu behalten, nochmals erhöht. Bei meinen Selbständigen erlebe ich auch viel Druck. Oft werden die Angebote und Preise in der Gründungsphase nach den Lebenshaltungskosten festgelegt. Das Ziel sind monatlich 6.000 €, also braucht es entsprechend monatlich 60 Stunden, die für 100 €

verkauft werden. Logisch, dass der Druck steigt, wenn es nicht genügend Kunden gibt, die diese Stunden in Anspruch nehmen und bezahlen. Hier entsteht dann gerne ein anstrengender Teufelskreis: Der Kunde spürt, dass er dringend gebraucht wird. Man will aber nicht dringend für die Einkünfte eines Anderen zuständig sein, sondern frei die entsprechende Dienstleistung in Anspruch nehmen, wenn man diese eben gerade braucht. Ohne Verpflichtung und ohne schlechtes Gewissen, wenn man sich gerade aus welchen Gründen auch immer abwendet. Um keine Verpflichtung einzugehen, bucht man die Dienstleistung bereits beim ersten Mal nicht oder bleibt, wenn man den Druck erst später unbewusst spürt, dann schnell weg.

Selbstverständlich muss ich einschränken, dass bei mir natürlich immer nur Menschen erscheinen, die ein Problem haben. Man zahlt nicht für ein Coaching, um dem Coach zu sagen, ich habe eine klasse Arbeitgeberin und arbeite total gerne, und man macht auch kein Existenzgründungs- oder -festigungscoaching, wenn der Laden bereits super läuft. Insofern nehme ich die Welt selektiv wahr. Es gibt sicherlich auch viele Menschen, die ihren Job angestellt gerne machen oder die in ihrer Selbständigkeit gut Geld verdienen und dabei einer guten und spannenden Tätigkeit nachgehen. Diese werden wahrscheinlich auf die Gruppe der nun zu betrachtenden Menschen auch eher etwas ungläubig schauen.

Es gibt da nämlich noch eine kleine Gruppe, die ganz anders unterwegs ist. Die frühzeitig in Rente gegangen ist, so frühzeitig, dass man von Rente nicht sprechen mag. Die ihr Leben anders gestalten, als es vom Mainstream als normal wahrgenommen wird. Mich hat der Kontakt mit finanziell freien Menschen sehr fasziniert. In Frauengesprächen zum Thema Geld durfte ich Monika kennenlernen, sie kommt im Buch auch nochmal intensiver vor. Gemeinsam mit ihr machte ich mich im Sommer 2016 nach Budapest auf, um andere Finanzblogger zu treffen. Hier durfte ich Menschen kennenlernen, die auf der einen Seite sehr bescheiden lebten und auf der anderen Seite zum Ziel hatten, viel früher als geplant die eigentliche Erwerbsarbeit aufzugeben. Da war Monika, die mit 45 ihr Ziel erreicht hatte, die laufenden Kosten durch Kapitaleinkünfte zu decken. Im Vergleich war sie spät dran. Brandon beispielsweise plante dies für den darauffolgenden Monat, mit gerade mal 35. Und Emma und Robert hatten ihr Ziel erreicht, mit zwei Kindern und auch gerade erst in den Dreißigern. Faszinierend. Ich habe gemerkt, wie schnell ich an die Grenzen von meinen Vorstellungen kam. Einfach aufhören zu arbeiten? Was macht man denn dann den ganzen Tag? Woraus zieht man seine Anerkennung? Ich freu mich immer, wenn ich als Coach Menschen begleiten darf. Wenn sie durch die Arbeit mit mir ihr Leben aus ganz anderen

Perspektiven sehen können und damit oft unglaubliche Veränderungen möglich werden. Das mache ich nicht nur, weil ich damit Geld verdiene, sondern weil es meinem Leben einen Sinn gibt. Auch meine Tätigkeiten vorher, noch angestellt, habe ich gerne gemacht. Nun ja, nachdem ich eine Weile über diesen Gedankengang nachgedacht hatte, musste ich diesen auch schon einschränken. Immerhin habe ich nicht umsonst gekündigt. Bei meiner ersten unbefristeten Stelle als Geschäftsführerin eines Jugendverbands lag die Trennung für mich auf der Hand. Ich fand mich irgendwann zu alt für meinen Jugendverband. Der mich dann übrigens überraschte, in dem er eine vier Jahre ältere Frau als meine Nachfolgerin einstellte. Soviel zum Thema Glaubenssätze übers Alter. Aber das ist eine andere Geschichte. Danach habe ich für einen Umweltverband gearbeitet. Also erstmal eine Stelle für die "Guten". Trotzdem war es nach knapp fünf Jahren genug. Es war mir langweilig geworden. Ich hatte keine Lust mehr auf ineffektive Besprechungen, auf unmotivierte Mitarbeiter, und das Lösen von Problemen weckte bei mir nicht mehr die richtige Leidenschaft. Was mir damals klar war, war die Tatsache, dass ich auch bei anderen Arbeitgebern auf ähnliche Themen stoßen würde. Der Wechsel in eine andere Anstellung also nicht helfen würde. Von daher blieb nur der Schritt in die Selbständigkeit, den ich dann auch gegangen bin. Verbunden mit der Vorstellung, in dieser Selbständigkeit viel zu arbeiten. Wahrscheinlich mehr als in der Anstellung. Am Anfang habe ich gedanklich immer noch die Stunden zusammenaddiert. Später habe ich das gelassen, interessiert ja eh keinen. Ich behalte einen Überblick über meine Einnahmen und konzentriere mich sonst in meinen Coachings auf die Fortschritte und Veränderungswege meiner Coachees. Wenn ich blogge oder Bücher schreibe, dann zählen danach wahlweise die Zugriffsdaten oder die Verkaufszahlen. Aus all diesen Angaben errechnet sich mein "Arbeitswert". Es sind nicht nur die monetären Aspekte, sondern auch die Rückmeldungen, aus denen ich Anerkennung und Motivation ziehe. Das aufgeben? Nur weil man genügend Geld hat? Das war mir erstmal unvorstellbar.

Um so mehr wollte ich über die Motive und Gedanken von finanziell freien Menschen herausfinden. Treffen sie sich alle in der Südsee am Strand? Haben sie Geld ohne Ende? Ich war schon überrascht in Budapest. Finanziell freie Menschen scheinen sehr sparsam zu sein. Sonst hätten sie wahrscheinlich nie genügend Geld für die finanzielle Freiheit angespart. Bei unserer ersten Stadtführung kamen wir an einem Fastfood Laden vorbei. Einer war schon mal da gewesen und verkündete: Hey, dort gibt es einen Wasserhahn, wo wir unsere Wasserflaschen auffüllen können. Und wenn wir den Code auf einer Quittung entdecken, können wir auch noch alle aufs Klo. So stürmten 15 Menschen das Fastfood

Restaurant. Sie gingen alle aufs Klo, füllten ihre Wasserflaschen auf und waren wieder weg. Ohne einen Cent im Geschäft zu lassen. So ging es die vier Tage weiter. Ich hatte 200 € getauscht, bei vier Tagen in einer Großstadt brauche ich das in der Regel. Am Ende hatte ich noch 120 € übrig. Finanziell freie Menschen gehen sparsam essen und geben auch sonst nicht viel Geld aus. Hatten wir deshalb weniger Spaß? Das würde ich nicht sagen. Ich würde mir manchmal etwas mehr Luxus gönnen, aber ich hatte definitiv vier unterhaltsame Tage.

Trotzdem, warum strebten diese Menschen alle ein Leben ohne Arbeit an? Durchgängig konnten sich alle nicht vorstellen, ein Leben lang angestellt zu arbeiten. Dazu hatten alle zu viele schlechte Erfahrungen gemacht. Keine Erfahrungen, die grausam gewesen wären. Aber eben Momente von zu viel Belastung, zu wenig Wertschätzung und das dumpfe Gefühl, sinnlose Besprechungen oder Tätigkeiten ausführen zu müssen. Interessant fand ich die Gedanken von Jill. Sie ist schottische Ärztin und liebt ihren Job. Trotzdem konnte sie den Träumen ihres Mannes Brandon nach finanzieller Freiheit etwas abgewinnen. Nämlich den Faktor der Unabhängigkeit. Sie berichtete von ihrem Schlüsselerlebnis. Einer Verhandlung mit dem Klinikchef. Sie hatte schon ein bisschen was auf der hohen Kante. Genug, um auch ohne ihre Stelle einige Zeit über die Runden zu kommen. Nun wollte sie drei Monate frei nehmen, um mit ihrem Mann zu reisen. Ihre Erfahrung bei den Verhandlungen: Es macht einen Riesenunterschied, ob du bitten musst oder ob du deinem Chef deine Pläne mitteilst und sagst, wir können schauen, ob es möglich ist, an diesen Arbeitsplatz zurückzukommen oder eben nicht. Fahren werde ich auf jeden Fall. Der Chef hat sich übrigens sehr bemüht, ihr eine Rückkehr zu ermöglichen.

Das hatte ich also schon mal verstanden, ein finanzieller Puffer liefert Freiheit. Ich kenne das von mir auch. Meine Rücklagen - die ja auch für die Rente noch da sein sollen - reichen im Augenblick durchaus für einige Jahre. Natürlich greife ich sie in der Regel nicht an. Sie sind ja für die Rente. Aber trotzdem bin ich froh, dass sie da sind und das ich auf sie temporär zurückgreifen kann, wenn dies nötig ist. Denn nicht immer kommen genug Coachees und in manchen Förderprogrammen wird erst am Ende bezahlt. Das kann dann auch mal ein Jahr dauern, bis das Geld auf meinem Konto ist.

Aber ganz aufhören zu arbeiten? Was dann tun? Nun, auch hier hatten meine Gesprächspartner viele Ideen. Sie werden nochmals ausführlich in den Interviews vorgestellt werden. Gelernt habe ich schnell, dass es nicht darum geht, nur noch auf der Couch zu liegen. Aber eben schon auch. Neben dem Müßiggang habe ich aber auch von vielen Projektideen gehört. Viele bloggen, organisieren Treffen, helfen anderen Menschen und gehen vielen verschiedenen Ideen nach. Nicht immer mit dem Gedankengang, damit gleich Geld zu verdienen. Sondern mit der Neugierde, Dinge ausprobieren zu dürfen.

Letztlich kaufen sich finanziell freie Menschen Zeit. Zeit, über die sie selbst bestimmen können. Sie nutzen die Zeit teils um Geld zu verdienen oder eben auch nicht. Der ausschlaggebende Faktor besteht darin, dass man keine Dinge tun muss, die andere einem vorgeben. Von daher geht es eigentlich nicht ums Geld. Geld ist wieder nur ein Mittel. Was sich meine Gesprächspartner „erkaufen“ ist Zeit und individuelle Freiheit.

Ist Arbeit unser Lebenssinn?

Unser Leben, ja unsere ganze Identität, wird stark von der Arbeit geprägt. Die meisten sagen nicht, ich gehe der und der Tätigkeit nach, sondern formulieren ganz klar: Ich bin .... Die eigene Identität wird maßgeblich vom Job bestimmt. Dabei spielt dann nicht nur die eigentliche Tätigkeit eine Rolle, sondern eben auch der Titel. Und der Eifer, mit dem wir der ganzen Verantwortung und unserer vermeintlichen Wichtigkeit gerecht werden. Viele können sich entsprechend nicht vorstellen, Teilzeit zu arbeiten. Sie müssen immer ansprechbar sein. Das reicht oft weit über die vereinbarten 39 oder 40 Stunden hinaus.

War das schon immer so?

Man hat ja oft den Eindruck, dass wir mit unserem Arbeitsleben Gesetzmäßigkeiten abbilden, die schon immer so waren. Die eben auch so sein müssen. Weil es nicht anders vorstellbar ist. Ich habe mich ein bisschen auf die Suche gemacht, ob wir schon immer so gearbeitet haben. Schon allein ein kurzer Blick Richtung meiner eigenen Vorfahren spricht eine andere Sprache. Zumindest für uns Frauen hat sich dies erst in den letzten 50 Jahren grundlegend verändert. Wir dürfen arbeiten. Für viele ist dieses *dürfen* aber bereits zum *müssen* geworden. Aber schauen wir doch noch ein bisschen weiter in die Vergangenheit. Tatsächlich war die Welt schon immer irgendwie zweigeteilt. Die einen haben gearbeitet, die anderen nicht. Wobei sich auch dies erst herauskristallisiert hat. Viele Jahrtausende waren Menschen als Jäger und Sammlerinnen unterwegs. Sie haben sich von der Jagd und von Früchten ernährt. Der Lohn wurde als Kaninchen ausgezahlt, wahlweise auch als eine Handvoll Beeren. War es nicht genug, musste man noch ein bisschen arbeiten. War es zu viel, hat man die Gemeinschaft eingeladen und miteinander geteilt. Ich nehme nicht an, dass hier jemand über eine Work-Life Balance nachgedacht hat. Zumal man ja auch nicht den ganzen Tag gejagt oder gesammelt hat, es also ohnehin viel freie Zeit gab. Das war normal, darüber hat wahrscheinlich keiner nachgedacht.

Im alten Griechenland oder im Rom der Antike wurde Arbeit als etwas Niedriges und Würdeloses erachtet, mit der sich ein Bürger möglichst nicht befasst hat. Der zivilisierte Mensch hat geredet, philosophiert, verhandelt und vielleicht noch Geschäfte abgeschlossen. Anstrengende, monotone Arbeit wurde von Sklaven verrichtet, weil Arbeit an sich als mühevoll, geistlos und als Ablenkung vom eigentlichen Leben angesehen wurde. Das eigentliche Leben wurde definitiv nicht als Arbeit angesehen, sondern lag in der Schulung des Geistes und des Körpers.

Wann also kam die Arbeit als sinnvolle Tätigkeit ins Spiel? Haben die Christen dies eingebracht? Die auch nicht. Zumindest die frühen Christen haben Arbeit auch als etwas Negatives angesehen. Das Joch der Arbeit, welches Adam von Gott auferlegt wurde, wurde klar als Strafe verstanden. Ein bisschen hat sich dies im Mittelalter geändert. Mönche erklärten in England körperliche Arbeit als eine Art des physischen Gebets. Solange die niederen Arbeiten sie nicht davon abhielten zu beten, haben sie dem Ansehen der Mönche nicht geschadet. In der Renaissance unterschied man immer noch zwischen geistiger und körperlicher Arbeit, Handwerk bekam dabei aber eine immer größere Bedeutung und wurde sehr wertgeschätzt. Aber selbst Künstler erledigten nicht alle Arbeiten selber. Sie hatten die Ideen und legten den Grundstein für ein Kunstwerk an. Die eigentliche Durchführung einer Arbeit galt allerdings weiterhin als minderwertig und Fluch beladen und wurde gerne an „niedere Menschen" delegiert.

Geändert hat sich alles mit Martin Luther und Johannes Calvin. Natürlich nicht sofort, aber sie legten den Grundstein. Sie definierten Arbeit als eine Tugend, die einem von Gott auferlegt wurde oder mit dem man Gott gefallen konnte. Mit den Puritanern überquerte die protestantische Arbeitsethik den Atlantik. In leicht verweltlichter Form machte auch Benjamin Franklin sich diese zu eigen und propagierte unter anderem harte Arbeit als menschliche Tugend. Anfangs wurde die damit einhergehende abhängige Beschäftigung nur als temporärer Zweck angesehen. Für andere Lebensziele sollte Geld gespart werden. Beispielsweise um dann ein Stück Land zu kaufen oder ein eigenes Geschäft aufzumachen. Die Zufriedenheit wurde viel in Selbstbestimmung definiert. Mit der Industrialisierung wurden solche Möglichkeiten immer seltener, da mehr Arbeiter gebraucht wurden. Im Interesse der Arbeitgeber war es jetzt, dass alle Arbeiter möglichst ihr ganzes Leben schön brav in der Firma bleiben. Die Wertschätzung für Handwerker und andere Selbständige schwand, stattdessen wurde die abhängige Beschäftigung immer mehr als Normalität wahrgenommen.

Wir leben auch heute noch in einer Welt, die von diesem protestantischen Arbeitsethos geprägt ist. Er wird auch kaum noch hinterfragt, obwohl die protestantischen Gründe nicht mehr als Motivator fungieren. Von der Vorstellung, dass wir mit unserer Arbeit zum Gefallen Gottes unterwegs sind, sind wir inzwischen wohl relativ weit entfernt, auch glaube ich nicht, dass viele Menschen im Büro ackern, damit sie für ihre Mühen im Jenseits belohnt werden. Wir arbeiten einfach nur, weil alle es tun und weil wir in unserer Konsumwelt mithalten wollen. Dazu kommt dann noch unsere Identität, die einfach cooler ist, wenn wir auf der Party sagen können, wir arbeiten als Geschäftsführerin, Anwältin oder als Feuerwehrmann.

Ist die Arbeitslosigkeit nicht die Lösung?

Viele Menschen sind dann doch wieder ausgeschlossen, aus diesem Prozess die eigene Lebenszeit zu verkaufen und dafür Geld und Status zu erhalten. Leider können die wenigsten diesen Zustand genießen. Unsere Gesellschaft ist auf diese Erwerbsarbeit fixiert. Nur wer seine täglichen acht Stunden zur Verfügung stellt, kann auf gesellschaftliche Anerkennung, entsprechende Entlohnung, Wertschätzung und Teilhabe hoffen. Arbeitslosigkeit ist Schmach und verstärkt die Angst der Anderen, bloß nie arbeitslos zu werden. Umso mehr hängen sie an ihrer Arbeit, sei sie noch so stumpfsinnig, anstrengend oder gar gesundheitsschädigend.

Ausnahmen habe ich hier und da in der Langzeitarbeitslosigkeit entdeckt. Wer sich hier das passende Gedankenkonstrukt gebaut und ein dickes Fell für die Termine beim Jobcenter zugelegt hat, der kann ein Leben mit relativ vielen Freiheiten leben. Leider nicht mit der typischen gesellschaftlichen Anerkennung, aber mit Zeit, um der eigenen Neugierde nachzugehen, Projekte auf die Beine zu stellen und die eigenen Kinder zu hüten, oder fremde Kinder, deren Eltern gerade wieder der Erwerbsarbeit nachgehen. Unter den vielen zigtausenden Hartz 4 Empfängern sind diese aber leider sehr rar. In der Regel macht sich die Abwertung, nicht dazuzugehören, auch im Leben bemerkbar und man begreift sich auch selbst als gescheitert.

Wie wäre es mit einem Grundeinkommen für alle?

Ich bin gespannt, ob ich in meinem Leben die Einführung eines Grundeinkommens in Deutschland und Europa noch erleben werde. Nicht weil ich nicht mehr arbeiten will. Sondern weil ich sehe, wie sehr Arbeit sich verändert und noch verändern wird. Aufgrund der Automatisierung und Digitalisierung von Arbeitsprozessen wird der Arbeitsaufwand, den Menschen aufbringen müssen, um die gleichen Produkte herzustellen, immer weniger werden. Wollen wir nicht immer mehr produzieren, was dann keiner braucht, müssen wir uns umstellen. Die Grundsicherung für alle könnte da eine Lösung sein. Sie würde das

Arbeitsleben in meinen Augen grundlegend verändern. Ich wäre sehr gespannt darauf. Mich würde interessieren, ob ein befreundeter technischer Leiter seinen Job, über den er immer meckert, wirklich aufgeben würde. Denn ich glaube, wenn er genauer hinschaut, würde er auch viel Wertvolles entdecken. Vielleicht würde er mit seiner Arbeitgeberin verhandeln, dass er nur noch montags, mittwochs und freitags in der Werkstatt ist. Und eine zweite Person an den anderen Tagen. Sicherlich müssten wir für so wichtige Aufgaben, wie die Kindererziehung in Kindergärten oder die gute Versorgung unserer älteren Großtanten in Pflegeheimen mehr ausgeben. Denn es gäbe wahrscheinlich deutlich weniger Frauen, die diese anspruchsvollen Jobs noch für die aktuell beschämend geringe Bezahlung machen würden. Dafür gäbe es vielleicht Nachbarschaftsinitiativen in denen hilfsbedürftige Menschen versorgt würden. Nicht um damit Geld zu verdienen, sondern aus Nächstenliebe. Denn mit einem Grundeinkommen könnten sich Menschen dieser Tätigkeit zuwenden, weil es ihnen wichtig ist.

Noch gibt es viel zu wenig Forschung, wie sich unser Arbeitsleben in der Zukunft verändern wird. Soweit ich das überblicke, wird es immer weniger die Notwendigkeit geben, angestellt arbeiten zu müssen. Im Gegenteil, durch Digitalisierung wird es immer weniger Stellenangebote geben. Wir werden uns also auf die Suche machen müssen nach einer neuen Identität und neuen Lebensaufgaben. Besonders unsere zukünftige Identität wird sich sicherlich nicht mehr so an der Arbeit, wie bisher, orientieren. Vielleicht auch, oder gerade weil Zeit die wichtigere Währung für Menschen wird. Viele Menschen fragen sich, was sie mit dem vielen Geld tun sollen, wenn sie dafür 60 oder mehr Stunden die Woche arbeiten müssen. Wo bleibt da die Lebensqualität? Diese funktioniert nun mal nur, wenn wir auch Zeit haben. Zeit für unsere eigenen Tätigkeiten und Zeit fürs Nichtstun.

Die meisten finanziell freien Menschen leben von ähnlichen Beträgen, wie von einem Grundeinkommen. Mit dem Unterschied, dass sie es nicht vom Staat erhalten, sondern es durch eigene Miet- oder Kapitaleinnahmen generieren. Im Ergebnis schaffen sie sich damit eine Grundsicherung. Da die meisten einen sehr genügsamen Lebensstil pflegen, reicht dieses Grundeinkommen aus, um nicht mehr zu arbeiten. Zumindest nicht angestellt, nicht dauerhaft und nicht Vollzeit.

Keine Arbeit? Was dann?

Wann immer ich von meinem Buchprojekt erzählt habe, war die erste Frage, die mir gestellt wurde, die nach der fehlenden Arbeit. Manchmal neugierig, manchmal aggressiv. Besonders wenn Menschen ablehnend aggressiv reagiert haben, habe ich mich immer gefragt, warum sie das tun. Und genau kann ich es auch immer noch nicht fassen. Vielleicht ist der Gedankengang, dass man im Leben arbeiten muss, so tief verwurzelt, dass alleine der Plan, dies nicht zu tun, schon eine Provokation ist. Vielleicht macht er auch Angst, weil wir selber gar nicht mehr wissen, was wir mit der vielen Zeit machen würden. Die Sorge vor Langeweile und Sinnlosigkeit macht sich dann breit. Genau weiß ich es nicht. In jedem Fall steht die Frage für viele im Raum. Was tun, wenn man nicht mehr arbeitet. Die Frage wird übrigens gar nicht von Menschen gestellt, die sich bereits auf den Weg zur finanziellen Freiheit gemacht haben. Im Gegenteil. Die Zeit ohne Erwerbsarbeit steht wie eine Verheißung vor ihnen. Nicht, weil sie auf der Couch sitzen wollen und fernsehen. Es gibt viele Ideen von Reisen, über das Restaurieren von Bauernhöfen bis zum Schreiben von Blogs und Büchern. Die Fragezeichen entstehen eher bei denen, die sich bisher keine Gedanken gemacht haben. Und die sich auch keine Gedanken machen wollen. Warum? Ich kann nur vermuten. Aber vielleicht kommt diese Ablehnung daher, dass man sich mit viel Mühe sein tägliches Berufsleben abringt. Und dann kommt da jemand daher, der sich dem entzieht. Einfach so. Um ein Buch zu schreiben. In aller Ruhe. Und im Garten Gemüse anzubauen. Ja, da kommt doch Neid und Wut und was auch immer auf. Um sich mit solchen Emotionen nicht auseinandersetzen zu müssen, ist die Reaktion dann eher ablehnend. "Ich würde das nicht wollen, nicht mehr arbeiten. Ich arbeite schließlich gerne und sonst hätte das Leben ja gar keinen Sinn, wenn man nichts mehr macht".

Wie war das bei unseren Vorfahren?

Meine Großmütter haben beide nicht gearbeitet. Meine Schwiegermutter auch nicht. Sie haben Kinder großgezogen, zum Teil mit der Hilfe von Kindermädchen. Sie haben viel im Haushalt und im Garten gemacht. Sie haben Dinge repariert, genäht und gebastelt. Gemüse und Obst wurde geerntet, gekocht, eingemacht und getrocknet. Die Frage, was tust Du, wenn Du nicht mehr arbeitest, hätten sie nicht verstanden. Eben weil sie viel gearbeitet haben. Aber eben keine Erwerbsarbeit im Sinne wie wir es heute kennen. Ich will nun nicht für die Zukunft propagieren, dass Frauen wieder an den heimischen Herd gehören. Aber ich finde, wir dürfen uns mehr Gedanken zur Wahlfreiheit machen. Wir dürfen darüber nachdenken, wie wir leben wollen. Ob wir uns dann für die damals ja auch schon sehr strikte Arbeitsteilung zwischen Mann und Frau, Erwerbsarbeit und Haushalt entscheiden oder ob wir neue kreative Wege finden, sei dahingestellt. Ich finde bloß spannend, dass es wahrscheinlich viele Menschen gibt, die noch Frauen mit ganz anderen Lebensentwürfen kennenlernen durften, die dies aber für sich selbst als absurd von sich weisen.

Auch aus der Historienbeschreibung des letzten Kapitels geht hervor, dass Menschen vielen anderen Dingen nachgegangen sind und dies spannender fanden als arbeiten. Welchen Dingen man nachgehen kann? Das ist vielfältig, wo immer die Neugierde einen hintreibt. Ob dies die Programmierung eines Computerprogramms ist, die Bewältigung eines Marathons oder die Aneignung handwerklicher Fähigkeiten, es gibt einfach unendlich viele Herausforderungen in dieser Welt. Ganz nebenbei: Viele Entdeckungen wären vielleicht nie gemacht worden, wenn nicht Menschen ihrer Neugierde nachgegangen wären. Ohne Erwerbsarbeit und ohne Gewinnerzielungsabsicht.

Arbeit bedeutet mehr als Gelderwerb

Einen Haken hat das Wählen von anderen Lebensentwürfen in unserer heutigen Gesellschaft. Sie ist so geprägt von der Erwerbsarbeit, möglichst Vollzeit, dass andere Lebensentwürfe maximal erstaunte Bewunderung erfahren. Nun ist es ein menschliches Bedürfnis anerkannt und gesehen zu werden, sowie sich anderen Menschen zugehörig zu fühlen.

Unser bisheriges Umfeld wird uns diese Anerkennung möglicherweise versagen, wenn wir sagen, wir steigen aus. Ich kann als ehemalige Geschäftsführerin auch sagen, es hat zwar nie jemand so genau gewusst, was ich da eigentlich gemacht habe, aber aufgrund des Titels habe ich automatisch eine hohe gesellschaftliche Anerkennung genossen. Diese habe ich in meinen acht Jahren als Coach nie wieder erlebt. Bei meiner letzteren Tätigkeit wurde ich auch nie gefragt: Ach, davon kann man leben? Das ist nicht die Anerkennung und Wertschätzung, die man sich so wünscht. Der Begriff Privatier war früher gängig. Heute würde ihn kein finanziell freier Mensch nutzen. Er würde dafür Verwunderung ernten, aber sicherlich selten Bewunderung und Wertschätzung.

Wie kann ein gutes Leben aussehen?

Diese Frage ist sehr, sehr individuell. Solltest Du selbst die finanzielle Freiheit anstreben, dann stellt sich für Dich die Frage, wie dann Dein gutes Leben aussehen soll.

Wer sich gerade tief im Hamsterrad befindet, wird wahrscheinlich erstmal sagen, Hauptsache, ich komme hier raus. Stimmt. Wahrscheinlich ist erstmal eine ausgiebige Pause angesagt. Eine Auszeit. Ein Sabbatjahr. Zeit, um wieder von außen auf das eigene Leben zu schauen. Zeit, um zu spüren, was einem wirklich wichtig ist. Zeit, um auszuruhen und zu schlafen. Bleibt man nach dieser Auszeit bei seinem Arbeitsausstieg, stellt sich irgendwann die Frage, was nun. Wir haben als Mensch einen natürlichen Schaffenstrieb, eine natürliche Neugierde.

In allen meinen Gesprächen habe ich Menschen kennengelernt, die es zwar schon toll fanden, nicht mehr so viel machen zu müssen. Die aber trotzdem noch sehr aktiv waren. Nur selbstbestimmt. Ohne durch Gewinnerwartungen angetrieben zu sein. Zumindest nicht immer.

Was würdest Du tun, wenn Geld keine Rolle mehr spielt?

Vielleicht hilft Dir meine Kreditkartenübung weiter, um zu schauen, wie ein gutes Leben für Dich aussehen könnte. Ich mache die manchmal in meinen Coachings. Dabei überreiche ich meinen Coachees eine Kreditkarte. Ich erkläre, dass sie mit dieser Karte ihr Leben lang beliebig viel Geld ziehen könnten. Und frage sie, wie dann ein Tag in etwa fünf Jahren aussehen würde. Wie sie ihn genau verbringen. Warum so spät? Nun, die meisten sehen sich zunächst erstmal eine ausgiebige Pause machen. Mit einer Weltreise, an einem tollen Strand oder auf einem Kreuzfahrtschiff. Allen ist klar, dass die tollste Aktivität nach fünf Jahren irgendwie langweilig wird. Es wird sich eine Art von Alltag einstellen. Interessanterweise träumen auch die wenigsten von einem ausufernden Luxus. Stattdessen höre ich Visionen von alten Bauernhöfen restaurieren, ein kleines Gästehaus im Süden führen, Menschen auf der Straße zu helfen oder endlich ausgiebig Zeit mit den eigenen Kindern zu verbringen. Wie sieht es bei Dir aus? Du musst nichts mehr tun, um Dein Leben zu finanzieren. Im Gegenteil, es wäre auch noch genug Geld da, um irgendeine Investition zu tätig, von der man schon immer geträumt hat. Wie sähe dieses Leben aus? Wie verbringst Du

Deine Tage? Mit wem? Was machst Du? An was entwickelst Du Dich weiter? Was macht Dir besondere Freude? Und was gibt Deinem Leben Sinn?

Diese erste Übung gibt Dir einen Einblick, wie ein Leben ohne klassische Erwerbsarbeit aussehen könnte. Es sei denn, Du hast Dich auch mit Kreditkarte in Deinem Angestelltenleben gesehen, das kann ja auch sein.

Dieses gute Leben lässt sich nun ausbauen. Spannend sind in meinen Augen Impulse von Neugierde und Aktivität. Was würdest Du tun? Meist kristallisieren sich einzelne Interessen heraus. Mehrere oder nur ganz wenige, dass ist unterschiedlich. In jedem Fall geben sie Dir Hinweise, wie ein gutes Leben für Dich aussehen könnte.

In einem weiteren Schritt würde ich in einem Coaching schauen, wie sich Bereiche aus dem guten Leben bereits heute in das eigene Leben integrieren lassen. Auch bei dem Konzept der finanziellen Freiheit glaube ich, dass es durchaus sinnig ist, bereits auf dem Weg dorthin ein möglichst gutes Leben zu leben. Es macht ja keinen Sinn, sich zu kasteien und in einer gewissen Sparsamkeit und Eifer lustlos zu leben, um dann irgendwann wie Phoenix aus der Asche ein komplett anderes Leben zu starten. Stattdessen wird sich viel im Prozess entwickeln. Menschen, die auf dem Weg in die finanzielle Freiheit sind, stellen beispielsweise nach einer Phase des intensiven Arbeitens und Sparens fest, dass ihnen jetzt eine Phase mit weniger Arbeitszeit und weniger Einkommen wichtiger ist, als das Ziel der finanziellen Freiheit auf Teufel komm raus möglichst schnell zu erreichen. Zumal diese Phase der Teilzeit gleich einen Vorgeschmack von freier Zeit liefert. Und man damit schon mal ausprobieren kann, was in dieser Zeit interessant ist.

Wie erreicht man finanzielle Freiheit?

Da stellt sich erstmal die Frage nach der Definition. Ich finde folgende hilfreich: Finanziell frei ist man, wenn die laufenden Ausgaben niedriger sind, als die Einnahmen, die man aus Kapitalerträgen oder passivem Einkommen erhält. Bei letzterem gibt es für mich schon eine kleine Einschränkung. Es gibt kaum ein passives Einkommen, welches nicht doch irgendwie mit Arbeit verbunden ist. Wenn ich beispielsweise Bücher online verkaufe, dann ist es eben nicht nur die Arbeit das Buch zu schreiben, sondern es braucht auch Zeit für regelmäßiges Marketing. Aber das nur so am Rande.

Bleiben wir beim Grundprinzip. Geringe Ausgaben, Einnahmen, die nicht aus Erwerbsarbeit generiert werden müssen. Das Ergebnis ist im wesentlichen Zeit. Nicht mehr und nicht weniger. Das ist schon alles.

Ich glaube, dass wir uns auf dem Weg zur finanziellen Freiheit von vielen Glaubenssätzen und Lebensvorstellungen befreien müssen. Und diese wahrscheinlich kraftvoller sind als die Entwicklung auf unserem Bankkonto. In den meisten Köpfen ist ein Leben ohne Erwerbsarbeit keine Option. So ähnlich, wie eine Reise auf den Mond keine Option ist. Wenn aber eine Reise auf den Mond keine Option ist, werde ich mich darauf auch nicht vorbereiten. Ich habe nicht mal auf meinem Radar, dass ich mich für Weltraumfahrt interessieren könnte, dass ich mal schauen könnte, wie es mir in der Schwerelosigkeit ergeht und ich mir überlegen könnte, was ich dann auf dem Mond entdecken will. Wenn die Reise als solches keine Option ist, mache ich mir auch keine weiteren Gedanken zu den Möglichkeiten, die mir vielleicht eine Reise auf den Mond ermöglichen könnten. Entsprechend werde ich wahrscheinlich den Mond immer nur am Himmel sehen.

Ähnlich ist dies mit der finanziellen Freiheit. Wenn dies keine Option ist, dann werde ich kein Geld sparen, zumindest nicht mit dem Grundgedanken, dass ich mir von dem ersparten Geld Zeit kaufen kann. Zeit, in der ich keiner Erwerbsarbeit mehr nachgehen muss, weil ich eben genug Geld habe. Vielleicht habe ich andere finanzielle Ziele. Dies könnten Konsumziele sein oder auch Investitionsziele. Also beispielsweise ein tolles Auto oder der Aufbau eines coolen Unternehmens. Bei ersterem ist das Geld danach verbraucht, bei letzterem kann es sich durchaus vermehren. Aber für beides braucht es Startkapital, es sei denn, man verwirklicht sich Träume auf Kredit. Ein Sparziel und damit finanzielles Ziel macht bei solchen Wünschen durchaus Sinn. Es bringt uns aber noch nicht mal in die Nähe der finanziellen Freiheit. Im nächsten Schritt werde ich mir weder Gedanken zu meinem Lebensstil noch zu sinnvollen Investments machen. Wozu auch? Mein Lebensstil wird sich an mein Einkommen anpassen, mit jeder Gehaltserhöhung kann ich mir mehr leisten. Und Geldanlagen sind eh gefährlich, weil ich sie nicht überblicke und man da eventuell über den Tisch gezogen wird oder Geld verliert. All diese Handlungen und die dahinterliegenden Gedanken ermöglichen keine finanzielle Freiheit. Um nicht zu sagen, hinter der finanziellen Freiheit liegt wahrscheinlich viel mehr die gedankliche Freiheit. Die Freiheit, sich nicht an irgendwelchen Marken oder der Werbung zu orientieren. Die Freiheit, den eigenen Status in der Gesellschaft nicht mit Statussymbolen untermauern zu müssen. Aber auch die Freiheit neugierig zu sein, wie unser Geldfluss funktioniert und wie man Geld richtig anlegen kann. Und natürlich die eigene Freiheit, darüber nachzudenken, dass wir ein glückliches Leben leben dürfen, auch ohne einer intensiven Erwerbsarbeit nachzugehen.

Für die meisten ist es dann auch die Freiheit, irgendwann zu kündigen. Ich glaube, alle, die diesen Schritt gegangen sind, sind dabei auch durch ihre eigene Angst hindurch. Unbefristete, sichere Stellen werden bei uns so hoch gehandelt, es bedeutet nicht nur Freiheit, sondern auch innerliche Stärke und Selbstsicherheit aus diesem Korsett auszusteigen und sich der Unsicherheit zu stellen. Je nach Finanzportfolio hat man im Vorfeld natürlich reichlich daran gearbeitet, dass die Unsicherheit möglichst gering ist. Aber in meinen Interviews berichten auch Menschen, die wenig haben und diesen Schritt trotzdem gegangen sind. Für ihre eigene Freiheit. Finanziell, wie eben im Wesentlichen zeitlich. Die Freiheit, das eigene Leben Tag für Tag in die Hand zu nehmen.

Der Weg zur finanziellen Freiheit

Dies ist kein Ratgeber, wie man reich wird. Im Gegenteil. Bei den Gesprächen mit finanziell freien Menschen, also Menschen, die durchaus einige 100.000 € besitzen, stand immer die eigene Genügsamkeit mit im Blick. Manchmal musste man sie erst suchen, da sie so automatisch gelebt wurde, dass sie als normal und damit nicht mehr erwähnenswert war.

Ich benutze bewusst das Wort: Genügsamkeit. Es ist genug. Ich finde, dieses Wort trifft es besser als Sparsamkeit. Letzteres hat immer den Geschmack von Verzicht. Es wird aber nicht verzichtet, maximal wird kritisch hinterfragt, ob diese oder jene Ausgabe notwendig ist. Oder ob es nicht eben einfach genug ist.

Der Weg zur finanziellen Freiheit ist also zunächst ein Abschied vom Konsum. Niko Paech, ein kritischer Wirtschaftswissenschaftler, macht dazu gute Therapievorschläge: Wer sich der Eleganz eines ausufernden Konsum- und Mobilitätsballastes entledigt, ist davor geschützt, im Hamsterrad der käuflichen Selbstverwirklichung orientierungslos zu werden. Die Befähigung zum eleganten und Glück stiftenden Konsumieren bestünde also darin, sich von Wohlstandsschrott zu befreien, der nur unser Leben verstopft.

Ein erster Schritt, um zu testen, wie es ist mit weniger Arbeit zu leben, ist das Teilzeitmodell. Paech ist sich sicher, dass jeder von einem halben Gehalt leben kann, wenn er sich radikal umorganisiert. Worüber ich mir nicht sicher bin, ist, ob unsere Gesellschaft mit dem Normmaß der 40 Stunden Stelle bereit ist, in jeder Position Menschen auf einer halben Stelle zu akzeptieren. Gerade bei Männern wird dies oft noch als Arbeitsverweigerung bewertet und mit einem entsprechenden Karriereverbot bestraft. Aber dies ist in meinen Augen nebensächlich auf dem Weg zur finanziellen Freiheit, immerhin ist dann Karriere eh unwichtig. Trotzdem haben sich die meisten Menschen, die finanzielle Freiheit erlangen wollen, zunächst nicht für Teilzeit entschieden. Sie verfolgen ein anderes Ziel.

Möglichst viel Geld sparen

Um irgendwann vom eigenen Kapital leben zu können, braucht man genau dieses. Wenn man nicht gerade das Glück hat zu erben oder eine Firma gut zu verkaufen, gilt es, dieses Kapital anzusparen. Wie viel man braucht, hängt von den Lebenshaltungskosten ab. Darauf gehe ich im nächsten Kapitel nochmal ein. In jedem Fall wird man Geld brauchen.

Der erste Schritt ist eine Sicherheitsrücklage. Die kann in keinem Fall schaden. Diese Sicherheitsrücklage sollte am Anfang für die Deckung der Lebenshaltungskosten reichen, im nächsten Schritt lässt sie sich auf sechs Monate und dann ein Jahr steigern. Im englischen wird diese Rücklage gerne *Fuck you money* genannt. Sie macht einfach unabhängiger. Kommt ein Chef oder bei Selbständigen eine Kundin blöd, kann man sich viel entspannter aus dem jeweiligen vertraglichen Verhältnis lösen. Wer ein Jahr so überbrücken kann, der ist schon mal ein bisschen frei.

Spätestens ab diesem Jahresbudget sollte man weiteres Geld investieren. Je nach eigenem Risikoempfinden auch schon deutlich früher. Das ist Geschmackssache. Investiert man langfristig an der Börse, könnte genau der Punkt einer Trennung von einem wichtigen Kunden auf den Zeitpunkt fallen, an welchem die Kurse niedrig sind. Jetzt wird das Geld benötigt. Und die Kurse sind im Keller. Auf der anderen Seite macht natürlich ein großer Batzen auf dem Tagesgeldkonto mit etwa 0,25 % Zinsen auch keinen Spaß. Mit diesem kleinen Dilemma ist auch schon das große Problem des Geldinvestments umrissen. Man kann es immer falsch machen. Auch wenn man nichts macht. Und man weiß vorher nicht, ob es falsch oder richtig war. Die Wahrscheinlichkeit, immer nur Fehler zu machen, ist allerdings gering. Zumindest, wenn man aus den eigenen Fehlern lernt. Deshalb mal eine kleine Übersicht, wie man Geld vermehren kann.

Ein kurzer Geldanlage-Überblick

Da gibt es zum einen die Börse. Für alle, die sich wenig damit beschäftigen wollen, empfehlen sich Indexfonds, sogenannte ETFs. Diese investieren in einen bestimmten Index, wie beispielsweise alle Unternehmen aus dem DAX. Aufgrund der Mittelung der Werte aller Unternehmen sind die Steigerungen aber auch die Verluste in der Regel deutlich geringer als bei Einzelaktien. Das bietet Sicherheit, immerhin kann man davon ausgehen, dass nicht gleich die gesamte Wirtschaft langfristig keine Gewinne mehr einfährt. Ich persönlich habe mit ETFs das Problem, dass ich auch immer Aktien von Unternehmen kaufe, die ich im wirklichen Leben so gar nicht unterstützen will. Deshalb wähle ich lieber einige wenige Einzelaktien auf. Am liebsten aus dem nachhaltigen Bereich.

Das ist die nächste Möglichkeit. Einzelaktien. Wahlweise von großen Unternehmen, die schon seit Jahrzehnten wachsen oder von kleinen Unternehmen, die günstigstenfalls durch die Decke gehen, die aber eben auch einfach mal Pleite gehen können. Toppen lässt sich die Risikofreude und damit auch Gewinn- oder Verlustmöglichkeit durch Optionen. Dies soll hier kein Anlagebuch werden. Ich möchte die Möglichkeiten nur anreißen. Wer an der Börse aktiv werden will, findet viele gute Fachbücher und Ratgeber im Internet, mit denen man sich schlau machen kann. Und da man in der Regel Schritt für Schritt einsteigt, wird man auch mit jedem Schritt schlauer werden.

Relevant ist in jedem Fall der Zinseszins. Also die Vermehrung des Geldes über die Jahre. Hier wird dann auch deutlich, wie sehr die Höhe des Zinses einen Unterschied macht. Nehmen wir Lena, sie ist 28 Jahre alt, hat nach dem Studium bereits drei Jahre gearbeitet und dabei ihren Studienlebensstandard beibehalten. So konnte sie monatlich 1.500 € sparen, was ihr jetzt bereits ein kleines Vermögen von 54.000 € beschert. Dazu hat sie von ihrer Großtante ein bisschen was geerbt, nämlich 16.000 €. Macht zusammen 70.000 €. Sie braucht dieses Geld vorerst nicht, sondern plant weiterhin zu sparen, wenn auch nur noch 1.000 € im Monat. Mit 40 würde sie gerne aufhören zu arbeiten. Zumindest ist dies ein kleiner Traum von ihr. Fangen wir mit den 70.000 € an. Lässt sie dieses auf dem Tagesgeldkonto mit 0,25 % liegen, dann hat sie in 12 Jahren zu ihrem vierzigsten Geburtstag 72.192 €. Hat sie Glück und die Zinsen steigen in den nächsten Jahren, wird es vielleicht ein bisschen mehr. Rechnen wir mit einem Durchschnittszins von 0,5 %, hat sie immerhin 74.317 €. Investiert Lena ihr Geld, weiß sie im Vorfeld nicht, wieviel Rendite oder Zins möglich sind. Grundsätzlich gilt der Leitsatz, je größer das Risiko um so höher der (mögliche) Gewinn. Rechnen wir mit 2,5 % Rendite, dann hat Lena mit 40: 94.140 €. Bei 4% Rendite sind es bereits: 112.000 € und bei 6 % (der Durchschnittsrendite des weltweiten Aktienmarktes seit 100 Jahren) sind es sogar knapp 141.000 € - also einer Verdoppelung ihres Startkapitals. Hat sie weiterhin ihre Sparrate auch in Aktien angelegt und damit auch 6 % Durchschnittsrendite erzielt, dann liegt das Vermögen aus dem angesparten Geld bei immerhin 209.000 €. Macht ein Gesamtvermögen zum 40sten von 350.000 €. Lena hat sich nun 12 Jahre immer wieder mit Aktien beschäftigt. Sie weiß, was sie da tut. Sie hat Fehler gemacht und sie hat aus diesen Fehlern gelernt. Sie traut sich zu, auch weiterhin 6 % aus ihrem Vermögen „rauszuholen". Ihre Lebenshaltungskosten hat sie weiterhin niedrig gehalten, sie kann gut von 1.400 € im Monat leben. Wenn sie aufhört zu arbeiten, kommt noch die Krankenversicherung hinzu, dafür vermindern sich einige andere Kostenpositionen. Sie rechnet mit Mehrkosten von 150 € monatlich, als Gesamtbudget macht dies 18.600 € aus. Mit ihren 6 % Rendite erzielt sie aus ihrem Vermögen jährlich 21.000 €. Genug, um ihre Lebenshaltungskosten zu decken. Selbst die Kapitalertragssteuer ist hier eingerechnet. Sie ist bei diesem geringen Einkommen deutlich niedriger als 25 %, da durch die Prüfung der Besserstellung

Kapitaleinkünfte nach ihrem individuellen Steuersatz berechnet werden. Und der liegt bei einem zu versteuernden Einkommen von etwa 18.000 € bei knapp 12 %.

Mit einer sicheren Geldanlage auf dem Tagesgeldkonto hätte Lena dieses Ziel nicht erreichen können. Selbst mit Investments in Aktien ist es nicht sicher, dass es klappt. Dass es genau in diesen 12 Jahren zu einem massiven Crash an der Börse kommt und Lena noch bis 50 weiterarbeiten muss, damit sich die Börse wieder erholen kann. Ja, das wäre blöd. Die Alternative heißt, gleich bis 67 zu arbeiten. Das ist dann wenigstens sicher.

Natürlich gibt es auch andere Wege Geld zu investieren. Sehr beliebt sind Immobilien. Bei den von mir interviewten Personen sogar beliebter und häufiger eingesetzt als Aktien. Immobilien haben zwei Vorteile. Durch den meist aufgenommenen Kredit wird ein Hebel eingesetzt. Dies würde man bei Aktien niemandem raten, die Sicherheit einer Firma erscheint nicht so groß, wie die Sicherheit einer Immobilie. Bei letzterer geht eine Bank davon aus, dass man bestimmte Mieteinnahmen erzielen wird und dass die Immobilie als solche mindestens im Wert bestehen bleibt. Günstigstenfalls ist der Zins für den Kredit niedriger als die Mieteinnahmen. Meist schafft man es, dass die Mieter monatlich den Zins und die Tilgung des Kredites übernehmen. Je nachdem, wie viel man tilgen kann, ist der Kredit früher oder später abbezahlt. Im Beispiel von Lena könnte das wie folgt ausgesehen haben. Mit 28 kauft sie mit ihren 70.000 € ein kleines Mehrfamilienhaus mit drei Wohnungen. Der Gesamtpreis mit Kaufnebenkosten liegt bei 300.000 €. Sie muss also 230.000 € finanzieren. Dies macht sie mit einem Kredit, der ihr für 1,8 % Zinsen angeboten wird. Die aktuellen Mieteinnahmen liegen netto bei monatlich 1450,- € für alle drei Wohnungen. Sie plant eine Tilgung von 5,2 %, mit den 1,8 % Zinsen macht dies eine monatliche Zahlung an die Bank von 1.866 €. Anfangs bestreitet sie die gut 400 € Zusatzzahlung aus ihrem Einkommen, später kann sie durch Mieterhöhungen die Gesamtkosten durch die Mieter tragen lassen. Zu ihrem 40sten Geburtstag liegt die Kredithöhe bei knapp unter 100.000 €. Da sie die restlichen 600 € aus ihrem Gehalt zu Sondertilgungen genutzt hat, ist die Immobilie mit 40 schuldenfrei. Durch Mieterhöhungen kommt sei auch hier auf ein jährliches Einkommen von 20.000 €, genug um davon ihr bescheidenes Leben zu finanzieren.

Neben Aktien und Immobilien gibt es sicherlich noch andere Formen das eigene Geld für sich arbeiten zu lassen. Dies können Crowdinvestments in Unternehmen, P2P Kredite, also Kredite an andere Menschen oder Darlehen für erneuerbare Energien sein.

Passives Einkommen

Ein weiterer Baustein Geld anzusammeln sind unternehmerische Tätigkeiten, die günstigstenfalls mit wenig Zeitaufwand viel Geld bringen. Dies passiert in der Regel bei skalierbaren Leistungen. Wenn ich also etwas verkaufe, was sich beliebig oft verkaufen lässt, mich aber keine zusätzliche Zeit kostet. Im Online-Geschäft sind dies E-Books, Online-Kurse, Apps, Werbeeinnahmen und vieles mehr. Einmal erstellt kann man sie beliebig oft verkaufen. Wobei man den regelmäßigen Marketingaufwand nicht unterschätzen sollte. Ich denke, auch beim passiven Einkommen muss man im Blick haben, dass Geld letztlich Energie ist. Sie kommt nicht, wenn man keine in sie reinsteckt. Um so origineller die Idee (also letztlich energiegeladen) umso höher die Wahrscheinlichkeit, dass auch viel Geld fließt. Sich einen Strom an passiven Einkünften zu schaffen, hilft beim Weg zur finanziellen Freiheit, aber auch darüber hinaus. In den Interviews wird es deutlich werden, viele Menschen, die finanziell frei sind, haben sich passive Einkünfte geschaffen. Einige schreiben Bücher, andere betreiben Webseiten mit Werbeeinnahmen, andere geben Kurse. Hier wird das natürliche Bedürfnis nach Neugierde gepaart mit Wissen. Diese beiden Grundbedürfnisse dürfen gerne zu den Lebenshaltungskosten beitragen.

Finanzielle Freiheit durch die richtige Standortwahl beschleunigen

Die Lebenshaltungskosten sind an verschiedenen Orten unterschiedlich hoch. Das ist nichts Neues. Natürlich kann man sich diesen Fakt zu Nutze machen. Die Unterschiede machen sich schon in Deutschland bemerkbar. Ein Leben auf dem Land ist meist deutlich günstiger als in der Stadt. Noch spannender wird die Spanne, wenn man sich ins Ausland bewegt. In Thailand, Bulgarien oder auch schon in Portugal braucht man zum Leben weniger Geld. Und es gibt noch deutlich günstigere Länder. Die passende Wahl ist Geschmacksache und hängt sicherlich an viel mehr Faktoren, als nur den Lebenshaltungskosten. Fühlt man sich zu dem Land hingezogen, kommt man mit der Mentalität klar? Wird der Partner oder die Familie mitgehen wollen? Sind Kinder im Spiel, wie wird deren Ausbildung in einem anderen Land aussehen? Kann man sich gut in das Land integrieren oder reicht einem das Leben in einer internationalen Community? Die Fragen sind vielfältig. Dennoch, der Gedankengang lohnt. Ich durfte bei meiner Recherche dankenswerterweise einige Menschen kennenlernen, die diesen Schritt gegangen sind. Und die ein bisschen was über die Vor- und Nachteile ihrer Entscheidung berichten.

Konsum bringt uns nicht zum Ziel

Wir sind schwer damit beschäftigt, unser aufwendig verdientes Geld wieder auszugeben. Und dabei sind wir richtig gut. Der Ökonom Robert Skidelsky und sein Sohn Edward haben unseren wahnsinnigen Konsum in dem Buch „Wie viel ist genug? Vom Wachstumswahn zu einer Ökonomie des guten Lebens“ untersucht. Unsere Welt - oder genauer gesagt, wir als Menschen - sind unersättlich geworden. Unser Wirtschaftsprinzip ist in ihren Augen ein Pakt mit dem Teufel. Ursprünglich mit der guten Absicht errichtet, die Menschheit zu ernähren und mit Gütern zu versorgen, schießt unsere Wirtschaft weit über das eigentliche Ziel, der Menschheit ein gutes Leben zu ermöglichen hinaus. Wir kaufen Dinge, die wir nicht benötigen. Wie bekommen Dinge, die planmäßig kaputtgehen. Damit wir dann noch mehr kaufen. Wir sind so verfangen in diesen Konsumkreislauf, dass wir gar nicht mehr erkennen, wie sehr wir in ihm verhaftet sind. Wir haben es uns ja schließlich auch verdient. Immerhin verdienen wir mit harter Arbeit Geld, und das soll nun auch mal belohnt werden.

Die Kehrseite: Viele unnötige Produkte und Berge von Müll. Dabei verbrauchen wir Rohstoffe, die nur endlich sind und produzieren hochgiftige Müllberge. Mit Plastik und anderen Schadstoffen verseuchen wir die Weltmeere und die Luft. Kritischer Konsumverzicht trägt also nicht nur zum eigenen guten Leben bei, sondern ist nebenher auch noch ein Beitrag für die gesamte Welt.

Kauf Dir einfach Zeit!

Keiner wirbt dafür. In keinem Werbeblättchen, in keiner TV Werbung, nirgendwo wird Zeit angepriesen. Obwohl man sie sich kaufen kann. Zeit kaufen? Wie soll das gehen? Nun, das ist eigentlich einfach. Finanziell freie Menschen kaufen sich nichts Anderes. Sie kaufen sich freie Zeit. Statt ihr Geld für ein neues Auto, einen neuen Fernseher oder eine teure Haushypothek auszugeben, legen sie es an. Und aus den Kapitalerträgen können sie sich Zeit kaufen. Sie müssen eben nicht mehr ihre Lebenszeit verkaufen, um Geld zu verdienen. Wenn das Geld bereits da ist, kann die Zeit frei verwendet werden. Ich finde dieses Bild ausgesprochen hilfreich. Bei vielen Konsumentscheidungen überlege ich für mich: Brauche ich das jetzt oder investiere ich das eingesparte Geld. Für den Luxus, in der Zukunft Zeit zu haben. Oder als Selbständige auf dem Weg dorthin erstmal mehr Sicherheit und weniger Druck zu haben. Wenn ein Kunde wegfällt, ist dies nicht schlimm. Ich gewinne Zeit und ich brauche mir keine Sorgen zu machen, dass das Geld nicht reicht. Ist das nicht echter Luxus? Viel wertvoller, als irgendein Auto, tolle Klamotten oder teure Reisen?

Finanziell freie Menschen müssen nicht mehr einer Erwerbsarbeit nachgehen. Dies sind meist Tätigkeiten, in denen ich meine Arbeitszeit einem Arbeitgeber verkaufe. Nicht umsonst werden die meisten Stellen nach den Arbeitsstunden bezahlt und nicht nach dem Nutzen, den ich schaffe. Solange ich als Geschäftsführerin mit Angestellten gearbeitet habe, hat mich das immer gewurmt. Es war mir doch egal, wie lang die Leute am Schreibtisch saßen. Relevant war für mich, wann diese oder jene Tätigkeit erledigt ist. Ob die Person das langsam oder schnell macht, was interessiert mich das? Ich weiß, dass eine Bewertung über ein Leistungsprinzip unglaublich schwer ist. Selbst in meinen Coachings nutze ich letztlich das Zeitmaß als Bezahlungsmaßstab. Allein, weil es alle Menschen so gewöhnt sind. Viel spannender fände ich eine Bezahlung, bei der mein Coachee auf einer bestimmten Skala entscheiden kann, wie viel ihm die Veränderungsmöglichkeiten, die er gerade erlebt hat, wert ist. Aber so weit sind wir als Gesellschaft noch nicht. Bis auf diese kleine Gruppe von Menschen, die anders mit ihrer Zeit und ihrem Konsum umgehen. Die gezielt wenig ausgeben, um durch die geringen Ausgaben auch irgendwann die Einkommensströme zu verändern. Um dann nicht irgendwann sagen zu müssen: Ich muss schließlich arbeiten, sonst reicht das Geld nicht. Sondern stattdessen zu sagen: Ich brauch wenig Geld, dafür kann ich manchmal arbeiten oder mein Erspartes nutzen. Habe ich genug Geld investiert, dass ich von den Kapitaleinnahmen leben kann, dann muss ich meine Lebenszeit nicht mehr gegen Geld tauschen. Ich kann, aber ich muss nicht.

Runter mit den Lebenshaltungskosten

Die Reduktion von Ausgaben hat für Menschen, die irgendwann finanziell frei sein wollen, zwei Funktionen. Zum einen sparen sie Geld, was sie benötigen, um genügend Vermögen aufzubauen, welches sie für die finanzielle Freiheit brauchen. Sie gewöhnen sich aber gleichzeitig an einen genügsamen Lebensstil, der eben dann auch während der finanziellen Freiheitsphase hilfreich ist, um von vergleichsweise geringen Kapitaleinkünften tatsächlich leben zu können. Dabei hilft es leider nicht, hier und da mal auf ein Abendessen beim Italiener zu verzichten. Auf die damit verbundenen Veränderungen von Gewohnheiten komme ich im nächsten Kapitel. Hier möchte ich auf die teuren laufenden Kosten im Leben eingehen. Verbunden mit Lebensstilentscheidungen, die sehr unterschiedlich ausfallen können. Denn hier kann man wirklich was drehen. Allerdings sind die dazu notwendigen Entscheidungen oft radikal und sicherlich manchmal schmerzhaftAm besten ist es übrigens, wenn man die wirklich großen Posten schon mit jungen Jahren im Blick hat. Da sind sie oft noch gar nicht so groß, und man kann schließlich selbst entscheiden, wie sehr man die Kosten im weiteren Leben steigern will.

Wohnen

Ob ich meine Miete an einen Vermieter zahle oder an eine Bank bei einem Kredit für eine Eigentumswohnung sei hier außen vor. Für viele Menschen ist dies der größte Kostenpunkt, der Monat für Monat vom Konto abgeht. Und es macht natürlich einen Unterschied, ob man für eine Wohnung 300 oder 1200 € bezahlt. In diesem Feld bewegen sich die Mieten meiner Freunde und Bekannten ungefähr. Für eine Einzelperson. Logisch, dass sich die Möglichkeiten zum Sparen alleine mit der Wohnentscheidung maßgeblich verändern. Natürlich ist dies auch ein großer Schritt. Wenn man denn gleich in eine kleinere Wohnung umziehen will. Denkbar ist auch, aus einer größeren Wohnung eine Wohngemeinschaft zu machen und Zimmer unterzuvermieten. Vielleicht am Start nur für Menschen, die tageweise das Zimmer brauchen, weil sie dort arbeiten. Oder, oder, oder.

Wer viel Geld zurücklegen will, der wird diesen elementaren Kostenpunkt hinterfragen. Und bei vielen Menschen, die sich gar nicht vorstellen können, mal ihren Job zu schmeißen, ist die Miete oder die Hypothek das ausschlaggebende Argument. Ich habe eine teure Miete, da kann ich halt nichts machen. Stimmt nicht. Man muss es wollen. Und das tut einfach nicht jeder.

Das Auto

Ein weiterer Kostenpunkt, der meist wenig hinterfragt wird, ist das Auto. Gehört es doch zwangsläufig zum vermeintlichen Lebensstandard hinzu. Selbst ein günstiges Auto kostet im Monat mindestens 250 bis 300 €. Ohne viele Fahrten. Es sind die schleichenden Kosten, die ins Geld gehen. Im Januar die Kfz Versicherung, später der Reifenwechsel, dann muss die Kiste überholt werden und der TÜV kommt auch alle zwei Jahre dran. Ganz zu schweigen von den Anschaffungskosten, die man entweder über Leasingkosten tatsächlich jeden Monat spürt oder die bei der Anschaffung das eigene Liquiditätspolster erheblich geschmälert haben. Selbst ein Kleinwagen kostet, wenn er auf dem Parkplatz steht, etwa 3.400 € im Jahr. Macht 283 € im Monat. Dabei wurde er noch nicht betankt und gefahren. Er wurde nicht an kostenpflichtigen Stellen abgestellt. Wird ein Fahrzeug tatsächlich genutzt, fallen diese Kosten auch an und man kann locker von 400 € monatlichen Kosten im Minimum ausgehen.

Teure Urlaube

Im Urlaub will ich nicht aufs Geld schauen müssen. Das ist so eine Aussage, die ich von vielen Menschen um mich herum höre. Wenn dem so ist, dann wird der Urlaub zwangsläufig zu einem großen Kostenfaktor. Sind dann noch zwei oder drei Urlaube im Jahr geplant, dann können die Ausgaben für diese Urlaube schnell einen großen Kostenfaktor im Gesamtbudget ausmachen. Natürlich gehen auch andere Urlaube. Man kann den Standard senken, man kann sich gezielt Länder aussuchen, die nicht so teuer sind und man kann die Anzahl der Reisen pro Jahr verringern.

Hobbies

Ein weiterer großer Kostenfaktor für viele Menschen sind Hobbies. Ob dies die Haltung eines Tieres, die Sammlung von Kaffeetassen oder Briefmarken, oder die Ausübung einer Sportart mit viel Zubehör ist – ein Hobby kann ganz schön ins Geld gehen. Wenn Du darüber nachdenkst, Dich für ein Hobby stärker zu begeistern, dann mach Dich schlau, wie teuer der Spaß so werden kann. Und wenn Du bereits ein Hobby hast, dann liste ehrlich auf, wieviel Du monatlich für dieses Hobby ausgibst. Ich will nicht sagen, dass Du es dann beenden sollst. Sondern Dir einfach erstmal nur Transparenz schaffst. Denn gerade bei den Dingen, die wir lieben, schauen wir bei den Kosten gerne nicht so genau hin.

Teure Gewohnheiten

Es lohnt sich den Alltag nach den vielen kleinen Gewohnheiten zu durchforsten. Ist es der Kaffee, der morgens am Bahnhof gekauft wird oder der Mittagssnack, der bei dem leckeren, aber eben teuren Imbiss neben dem Büro eingenommen wird. Für sich machen diese Kosten nicht wirklich viel aus. Es sind ja nur ein paar Euro. Tag für Tag machen sie aber schon einen Unterschied. Sie addieren sich zu erheblichen Summen auf. Bei einem Coffee-to-go sieht die Rechnung beispielsweise so aus: 3 Euro an fünf Arbeitstagen die Woche, das sind schon 15 Euro für Kaffee in der Woche – oder über 60 Euro im Monat. Noch spannender wird es, wenn man diese Kosten nicht nur für einen Monat rechnet, sondern über eine längere Zeit. Wenn man diese Ausgaben nicht tätigen, sondern das Geld stattdessen investieren würde. Bei Oliver Nölting von den Frugalisten bin ich da auf spannende Rechenmodelle gestoßen. Oliver stellt sich die Frage: Wenn man dieses Geld, anstatt es für Kaffee auszugeben, lieber sparen und in ein Investment-Portfolio stecken würde, wie viel mehr Geld hätte man nach 10 Jahren im Vergleich zum täglichen Kaffee-Genießer? Zum Glück muss man dafür gar nicht wild herum rechnen. Es gibt zwei praktische Faustformeln, die in der Finanz-Community als die 752- und die 173-Regel bekannt sind. Diese Regeln funktionieren so: Man multipliziert eine wiederkehrende wöchentliche Ausgabe mit der Zahl 752. So erhält man die Geldmengen, die man nach zehn Jahren hätte, wenn man das Geld stattdessen gespart und angelegt hätte. Eine monatliche wiederkehrende Ausgabe multipliziert man mit der Zahl 173. Die wöchentlich 15 € für den Coffee-to-go summieren sich nach 10 Jahren also zu 15 € × 752 = 11.280 €. Dafür muss selbst ein gut verdienender Kaffeetrinker ein paar Monate seines Lebens arbeiten gehen.

Wie kommen die 752- und die 173-Regel zustande?

Die 752- und die 173-Regel sind natürlich keine exakten Formeln, sondern lediglich Faustregeln, mit denen man grob abschätzen kann, wie viel eine wiederkehrende, regelmäßige Ausgabe über einen Zeitraum von 10 Jahren kostet. Dafür werden ein paar vereinfachende Annahmen getroffen. Im Wesentlichen rechnet man mit einer Rendite von genau 7 Prozent. Das ist in etwa die durchschnittliche Netto-Rendite des amerikanischen Aktienmarktes der letzten hundert Jahre. Nach zehn Jahren beträgt der Wert des Portfolios dann genau das 752-fache (bzw. das 173-fache) der wöchentlichen oder monatlichen Ausgabe. Natürlich liegt die Rendite des Aktienmarktes niemals konstant bei 7 Prozent. Steuern und Transaktionskosten sind nicht berücksichtigt und von daher kann das Ergebnis abweichen. Die beiden Regeln sind nur grobe Abschätzungen, geben aber einen guten ersten Überblick. Du musst Dir einfach nur diese beiden Zahlen merken und kannst zukünftig bei allen wiederkehrenden Ausgaben blitzschnell überschlagen, wie viel Dich Deine Angewohnheiten auf lange Sicht ungefähr kosten.

Die Macht der Gewohnheit

Regelmäßige wöchentliche oder monatliche Ausgaben kommen nicht von Impulskäufen, größeren Anschaffungen oder ungeplanten Ausgaben. Es sind die Produkte und Dienstleistungen, die Du permanent oder regelmäßig in Anspruch nimmst: Deine Wohnungsmiete, TV- und Zeitschriften-Abonnements, Handyverträge, Versicherungen, der morgendliche Kaffee oder das belegte Brötchen beim Bäcker, der Restaurantbesuch jeden Samstagabend. Viele dieser Ausgaben hinterfragst Du vielleicht gar nicht mehr und überlegst auch nicht jedes Mal von neuem, ob Du dafür Geld ausgeben möchtest. Im Gegenteil, sie haben sich eingebürgert und laufen auf Autopilot. Somit sind sie zur Gewohnheit geworden. Das macht diese Ausgaben einerseits gefährlich, weil eine Angewohnheit jeden Monat und jede Woche aufs Neue Geld kosten. Auf der anderen Seite ist dafür auch das Sparpotential enorm. Denn jede noch so kleine Optimierung spart immer wieder erneut den gesparten Betrag ein. Gibst Du in der Woche nur 1 € weniger für irgendetwas aus, hast Du nach 10 Jahren 752 € mehr auf Deinem Konto.

Um das Ganze ein bisschen konkreter zu machen, knöpfen wir uns mal fünf typische Gewohnheits-Ausgaben vor, wie sie bei einem deutschen Durchschnittsbürger vorkommen könnten:

(1.) Täglich werktags einen Coffee to go beim Bäcker
Ausgaben: 3,00 € pro Kaffee, 15 € pro Woche.
Nach 10 Jahren: 11.280 €

(2.) ...dazu ein belegtes Brötchen:
Kosten: 1,50 € pro Stück, 7,50 € pro Woche
Nach 10 Jahren: 5.640 €

(3.) Ein Zeitschriften-Abo:
Kosten: 4,99 € im Monat
Nach 10 Jahren: 863 €

(4.) Der Handyvertrag (Allnet Flatrate mit dem neuesten Smartphone)
Kosten: 44,99 € im Monat
Nach 10 Jahren: 7.783 €

5.) Jeden Samstag im Restaurant Essen gehen
Kosten: 20 € pro Besuch
Nach 10 Jahren: 15.040 €

Gesamtsumme nach 10 Jahren: 40.606 €.

Im Klartext: Diese fünf recht unscheinbaren Gewohnheits-Ausgaben kosten im Zeitraum von zehn Jahren über 40.000 €. Behält man diese Angewohnheiten sogar 25 Jahre lang durch, sind es schon 180.000 €.

Selbstverständlich lassen sich diese Gewohnheiten verändern. Kaffee kann man auch zuhause kochen und in einem Thermobecher mitnehmen. Brötchen lassen sich auch zu Hause schmieren. Zeitschriften-Abos kann man zunächst kritisch hinterfragen, ob man die Zeitschrift tatsächlich liest. Wenn dies der Fall ist, kann man dies auch in vielen Cafés oder in einer Bücherei tun. Handyverträge gibt es deutlich billiger, und ob man jeden Samstag Essen gehen muss, kann man einfach hinterfragen. Natürlich kosten alle alternativen Lösungen auch Geld. Aber deutlich weniger.

Gewohnheitsmäßige Ausgaben sind ein zweischneidiges Schwert: Sie können Dir das Geld aus der Tasche saugen, und sie können Dich steinreich machen, wenn Du sie richtig gestaltest und nur für das bezahlst, was Du wirklich brauchst. Mache Dir diesen Effekt zunutze. Analysiere, was Deine regelmäßigen Ausgaben sind und schreibe sie einmal auf. Dann überlegst Du Dir für jede Ausgabe: Ist diese für meine Zufriedenheit im Leben wirklich wichtig? Wenn ja, dann versuche diese Ausgabe zu optimieren, also den gleichen Gegenwert mit geringerem Geldeinsatz zu erhalten. Koche Deinen Kaffee eben selbst. Wenn Dir eine Ausgabe keinen wirklichen Nutzen bringt und für Dein Lebensglück unerheblich ist, streiche sie komplett. Investiere das auf diese Weise gesparte Geld regelmäßig in Dein Investment-Portfolio aus Aktien, Anleihen, Immobilien. Mache das zehn Jahre lang. Mit der 752- und der 173-Regel kannst Du überschlagen, wie viel Geld Du nach dieser Zeit ungefähr angespart hast.

Ab wann ist man finanziell frei?

Diese Frage treibt viele Menschen um. Ab wann hat man sein Ziel erreicht? Die meisten Menschen, die dieses Ziel erreicht haben, berichten, dass sie weit übers Ziel hinausgeschossen sind, bevor für sie selbst die Botschaft angekommen ist, dass sie jetzt tatsächlich einen wesentlichen Veränderungsschritt in ihrem Leben tun können: Nicht mehr für Geld zu arbeiten. In der Konsequenz haben sie ein paar Jahre länger gearbeitet oder noch ein paar Aufträge freiberuflich angenommen. So als Sicherheitspuffer. Falls die Rechnung doch nicht aufgeht.

Welche Rechnung eigentlich? Bei meinen Recherchen bin ich immer wieder auf die 4 % Regel gestoßen. Sie kommt aus den USA und finanziell freie Menschen richten sich dort nach ihr. Sie besagt, dass man das 25fache seiner Ausgaben auf der hohen Kante braucht. Dann kann man jedes Jahr von den hoffentlich erwirtschafteten 4 % leben. Hat man also 2.000 € Kosten im Monat, braucht man 600.000 € Kapital, um dieses zu investieren und die entsprechende Rendite zu erwirtschaften.

Entsprechend zentral sind die Ausgaben. Wandert man beispielsweise in ein Land aus, in welchem die Lebenshaltungskosten deutlich geringer sind, verringert sich auch das benötigte Kapital. Wer von 1.000 € leben kann, braucht nur noch 300.000 €. Die meisten finanziell freien Menschen verdienen übrigens immer noch ein bisschen was dazu. Sei es aus Leidenschaft, Spaß oder dem Gefühl, was schaffen zu wollen. 500 € kommen dabei locker rum und diese machen immerhin 150.000 € geringeres Eigenkapital nötig.

Je nach Geldanlage sind die 4 % eine sichere Baustelle oder eben nicht. An der Börse kann es schon mal zu Rückschlägen kommen, so dass die 4 % nicht erwirtschaftet werden können. Auch bei allen anderen Investments gibt es Risiken und Chancen. Es wird gute und schlechte Jahre geben. Natürlich kann auch unser gesamtes Wirtschaftssystem zusammenbrechen. Auch wenn die interviewten Menschen ihr Leben zum großen Teil auf einem Kapitalvermögen aufbauen, so glaube ich dennoch nicht, dass sie in einem solchen Fall wirklich schlechter dastehen als alle Menschen. Kommt es zu einem großen Wirtschaftszusammenbruch, werden wir uns alle umschauen und neu orientieren müssen. Bleibt zu hoffen, dass wir dies nicht mit zu viel Unruhe und Toten erleben müssen.

Arbeiten, obwohl man nicht mehr muss?

Viele Menschen arbeiten gerne. Ihre Arbeit macht für sie Sinn, sie haben eine Aufgabe und die Gemeinschaft mit Anderen sowie die feste Tagesstruktur fühlt sich gut an. Warum also Anstrengungen unternehmen, diesen Zustand zu verändern? Nun, man muss nicht. Man kann arbeiten, wenn man finanziell frei ist. Die meisten Gesprächspartner tun dies auch noch. Allerdings ist nur noch einer angestellt und er ist gerade in Elternzeit. Trotzdem geht das selbstverständlich auch. Die Haltung wird bloß eine Andere. Wenn man nicht mehr für Geld arbeiten muss, sondern aus Interesse, aus dem Spaß an einer Herausforderung und aus dem Wunsch heraus, etwas Gutes für die Gesellschaft zu tun, verändern sich möglicherweise die Stellen- und Aufgabenzuschnitte. Vermutlich liegt auch in diesen Anforderungen an eine Stelle der Grund, warum nicht allzu viele Menschen angestellt arbeiten, wenn sie dies nicht müssen. Menschen, die man nicht mit Geld belohnen kann, suchen nach etwas Anderem als nach besonders viel Geld. Sie tauschen ihre Zeit nicht mehr dafür ein, die Ziele einer anderen Person, eines Konzerns oder einer Verwaltung zu verwirklichen.

Damit haben sie einen wesentlichen Vorteil. Dinge, die sie tun, tun sie mit Herzblut. Sie wollen sie wirklich tun. Sie machen nicht irgendwas Idiotisches, weil es eben ein gutes Gehalt einbringt. Weil sie es halt tun müssen. Nein, die meisten engagieren sich freiwillig, ob mit Entlohnung oder ohne.

Wichtig scheint dies zu sein bei der Planung, wann ein Ausstieg aus einem angestellten Leben möglich ist. Besonders die Pioniere aus den USA berichten immer wieder, dass das angesparte Geld im Zweifel immer mehr als genug ist. Weil die meisten finanziell freien Menschen eben nicht die ganze Zeit auf der faulen Haut liegen. Im Gegenteil. Menschen, die es einmal geschafft haben, ein gewisses Vermögen aufzubauen, sind in Sachen Finanzaufbau und Investments geschult. Menschen, die mit einer guten Ausbildung eine Zeitlang gutes Geld verdient haben, verfügen auch nach der Anstellung über ihr Wissen und Know-how. Und haben im Zweifel Lust dazu, das eine oder andere in welcher Form auch immer einzusetzen. Pete Adorny – der Mann hinter Mister Money Mustache - hat eigentlich als Software-Spezialist gearbeitet. Mit 31 hat er gekündigt, um mit wenig Geld, aber viel Zeit, seinen Sohn aufzuziehen. Parallel dazu hat er ein kleines Bauunternehmen gegründet, weil ihm die Instandsetzung von Häusern Spaß gemacht hat. Das wurde ihm dann zu groß und er hat es nach einer Weile verkauft. Stattdessen hat er seine neue Leidenschaft im Schreiben entdeckt. Viele werden ihn kennen, den Blog Mr. Money Mustache. Der Prototyp für alle Blogger, die zum Thema Finanzielle Freiheit bloggen. Sein Blog wird monatlich von etwa 2 Millionen Lesern gelesen. Seine Baufirma war sicherlich auch bis zu einem gewissen Grad erfolgreich. Will sagen, auch in der freien Zeit lassen sich Dinge tun, die wie nebenbei Geld abwerfen.

Kritisch hat sich dagegen Monika auf ihrem Blog Klunkerchen mit der Frage auseinandergesetzt, ob eine Anstellung nochmals Sinn machen würde. Die Sehnsucht ist da. Bei ihr im Wesentlichen die Sehnsucht nach Gemeinschaft und gemeinsam was auf die Beine zu stellen. Aber sie schreibt sehr treffend beim Ausmalen, wie es wäre, eine neue Stelle anzutreten: „Dann kommt der Knick. Ich fange an mir auszumalen, dass ich das jeden Tag machen muss. Oder wenn es eine Teilzeitstelle ist, doch an diversen Tagen in der Woche. Wenn die Stelle dann auch noch unbefristet ist, dann kann ich mir mittlerweile gar nicht mehr vorstellen, mich auf eine unbegrenzte Zeit auf einen neuen Arbeitgeber einzulassen. Spätestens wenn ich die Adresse des potentiellen Arbeitgebers raussuche und schaue, wie lange ich da hinfahren muss, wird die Anzeige weggeklickt. Jeden Morgen und Abend durch die halbe Stadt zu fahren, kann ich mir gar nicht mehr vorstellen.“ In den Kommentaren wird dann viel Unverständnis deutlich. Viele Menschen, besonders die, die den Schritt in die Selbständigkeit bereits gemacht haben, können sich eine Zwangsgemeinschaft mit Kollegen, die man sich eben nicht als Freunde ausgesucht hat, sondern die einfach da sind, so gar nicht als ein attraktives Ziel vorstellen. Es kann da ja auch viele weitere Lösungen geben, die den Wunsch nach Gemeinschaft bedienen, ohne gleich eine Zwangsgemeinschaft wählen zu müssen. Ich denke da an den regen Austausch zwischen Finanzbloggern, aber natürlich auch an jede Kooperation, die sich zwischen selbständigen Menschen, die Projekte umsetzen, ergeben kann. Diese kann durchaus sehr langfristig sein und das Bedürfnis nach Gemeinschaft ohne Zwang vollumfänglich befriedigen.

Aus den Interviews ergab sich ein durchgängiges Bild: Keiner macht sich für seine Projekte und Jobs mehr „verrückt“. Es findet alles dosiert statt. So das es passt. An einigen Tagen weniger, vielleicht manchmal mehr. Das scheint der entscheidende Unterschied zu sein. Muss man nicht fürs Geld arbeiten, darf man dies tun, wenn es Sinn macht. Man kann eben freier verhandeln und muss sich nicht nur nach den Vorstellungen eines Arbeitgebers oder Auftraggebers richten. Hier schließt sich für mich der Kreis zum Anfang dieses Textes. Selbst wenn man Spaß daran hat, zu arbeiten, lohnt es sich, an der eigenen finanziellen Freiheit zu arbeiten. Nicht um auf der faulen Haut zu liegen. Sondern um frei verhandeln zu können, wie das eigene Engagement auf dem Arbeitsmarkt aussehen darf. Heute und auch in der Zukunft. Denn auch das kann sich ja verändern. In einer Lebensphase hat man vielleicht viel Lust zu arbeiten und Dinge mit zu gestalten. In einer anderen Lebensphase stehen andere Dinge stärker im Fokus, wie Kinder, Eltern, ausgiebige Reisen oder die Selbstentdeckung. Oder auch nur ein Garten, ein Buch- oder Kunstprojekt. Ist es nicht ein toller Gedanke, diese unterschiedlichen Optionen zu verschiedenen Zeiten im Leben angehen zu können? Ich zumindest finde das sehr verlockend.

Ich bin zwar selber noch nicht finanziell frei, aber verfüge über Rücklagen, die es mir ermöglichen, nicht zu aggressiv als Coach zu werben und bei meinen Büchern nicht auf riesengroße Verkaufszahlen angewiesen zu sein. Ich begreife das als großen Luxus. Hat ein Einzelklient oder ein Team sein Problem gelöst, bin ich froh! Und nicht versteckt traurig, weil damit ein Kunde wegbricht. Ich kann meinen Kunden Zeit lassen. Wenn sie mich brauchen, bin ich sehr gerne für sie da. Wenn nicht, schreibe ich Bücher. Und auch hier gönne ich mir den Luxus, mir die Themen rauszusuchen, die ich spannend finde. Insgesamt bin ich allerdings schon öfter am Rechner als mir lieb ist. Hier eine andere Balance zu finden, das finde ich reizvoll. Dafür baue ich gerne meine passiven Einkommensströme aus, um in Zukunft noch entspannter arbeiten zu können.

Die Interviews

Meine Gesprächspartner - Unterschiede und Gemeinsamkeiten

Nach diesem ersten Gedankenteil möchte ich meine Gesprächspartnerinnen und Gesprächspartner zu Wort kommen lassen. Zunächst solche, die heute schon keiner angestellten Tätigkeit nachgehen, sondern ihr Geld über Kapitaleinkünfte oder auf anderen Wegen erwirtschaften. Ich habe bei meiner Recherche sehr breit gesucht und bin auf Menschen gestoßen, die über relativ viel Kapital oder ganz wenig Kapital verfügen. Alle eint, dass sie aus dem klassischen Erwerbsleben ausgestiegen sind und neue Wege der eigenen Zeit - und Lebensgestaltung suchen. Nicht alle wollten mit ihren echten Namen in diesem Buch erscheinen. Entsprechend sind die Vornamen zum Teil verändert worden, um dem Bedürfnis nach Diskretion gerecht zu werden.

Im zweiten Teil kommen Menschen zu Wort, die sich auf den Weg gemacht haben, um irgendwann die eigene finanzielle Freiheit zu erreichen. Ich finde, auch diese eignen sich als Vorbild. Sie berichten auf diversen Blogs über ihre Erfahrungen und ich freue mich, dass sie für dieses Buch einige Fragen beantwortet haben.

Melanie sammelt Wohnungen

Melanie ist knapp 40 Jahre alt und bereits finanziell frei. Sie lebt im Ruhrgebiet und ich freue mich sehr, dass sie ihre Geschichte mit uns teilt.

Melanie, wie bist Du auf die Idee gekommen, dass ein Leben ohne Arbeit für Dich interessant sein könnte?

Die Idee der finanziellen Freiheit hatte ich in der Tat schon sehr früh. Ich glaube mit 14 hatte ich das erste Mal davon gesprochen, dass ich das Ziel habe, von meinen Mieten zu leben. Den Begriff der finanziellen Freiheit kannte ich damals noch nicht. Aber so war schon das Ziel bekannt.

Dafür brauchte ich Geld. Also habe ich mir einen Job ausgesucht, bei dem ich ein wenig mehr Geld verdienen konnte. Außerdem war ich schon immer sparsam. Das sind für mich die Zutaten, die man braucht, um finanziell frei zu werden: Relativ gut im Job verdienen, der Wille zum Ziel der finanziellen Freiheit, mehr zu leisten als der Durchschnitt, also beispielsweise auch mal Überstunden zu machen und insgesamt sparsam zu leben.

Warum wolltest Du damals schon von Deinen Mieten leben?

Was mich damals angetrieben hat, kann ich nur vermuten. Wohl, weil Immobilien in unserer Familie immer wichtig waren. Die Oma hatte ein Eigenheim mit Einlieger, die Eltern und meine Tante auch. Man ist dann so hineingewachsen.

Hattest Du Vorbilder?

Vorbilder, die dieses Ziel schon erreicht hatten, kannte ich leider keinen. Aber das Sparsame habe ich sicherlich von meinen Großeltern und Eltern mitbekommen.

Wann und wie hast Du angefangen Geld zu sparen?

Das war schon sehr sehr früh. Als Kind schon. Ich erinnere mich, das ich sogar Geld verliehen habe gegen Zinsen.

Und wie hast Du dann Dein Erspartes investiert?

Mit 27 habe ich mir die erste Immobilie gekauft. Es war eine 65 Quadratmeter große Wohnung, die gut vermietet war. Damals hatte ich schon Bausparverträge, die dann auch zuteilungsreif waren. Zugeteilte Bausparverträge haben den Vorteil, dass man so viel tilgen kann, wie man möchte. Darin lag mein Erfolg. Meine zweite Wohnung kaufte ich zwei Jahre nach der ersten Wohnung. Auch mit einem zugeteilten Bausparvertrag. Die schnelle Tilgung war für mich sehr wichtig. Nachdem diese beiden Immobilien fast bezahlt waren, tat sich eine neue Möglichkeit auf, ein Dreifamilienhaus zu erwerben. Durch familiäres Crowdfunding organisierte ich mir das Eigenkapital.

Nun wohnte ich umsonst, durch die abbezahlten Wohnungen, und hatte noch Mieteinnahmen für die groben Kosten. Dadurch konnte ich 80-90 % meines Arbeitseinkommens in die Tilgung stecken. Glücklicherweise gibt es solche Banken, die ohne weitere Kosten jedem Kunden 15 % Tilgung im Jahr erlauben.

Das ist spannend. Warum waren es gerade Immobilien, die Du als Investitionsziel anvisiert hast?

Wie schon erwähnt waren die Immobilien in meiner Familie immer die wichtigste Investition

Ab wann wusstest Du, dass Du finanziell frei bist?

Bis vor zwei Jahren hatte ich noch einen 9-to-5 Job. Dann bekam ich die Möglichkeit, eine Abfindung zu bekommen mit einer zweijährigen Transfergesellschaft. Somit konnte ich meine Verbindlichkeiten bei den Banken nahezu tilgen. Die Unabhängigkeit von Banken ist mir schon wichtig. Das ist meine Strategie. Profis wie z.B. Alex Fischer fahren eine andere Schiene. Mit der Abfindung und dem Eintritt in die Transfergesellschaft war nun klar: „Es ist geschafft!“. Nun kann ich arbeiten gehen, muss es aber nicht. Das ist schon Luxus.

Du hattest nach den beiden Wohnungen ein Dreifamilienhaus gekauft. Warum?

Dass ich mir ein Dreifamilienhaus gekauft hatte, war nach den ersten beiden Wohnungen der nächste logische Schritt. Durch meine beiden Wohnungen war meine Bonität bei den Banken besser. Durch das Eigenkapital sollte es nun auch was Größeres werden. Ein Nachbar meiner Eltern verkaufte gerade sein Dreifamilienhaus. Da es eine sehr schöne Wohngegend ist, habe ich auch nicht lange überlegt. Die gute Wohnlage hat da den Ausschlag gegeben.

Verwaltest Du die Wohnungen selber oder macht das eine professionelle Verwaltung für Dich?

Ich verwalte die Wohnungen selber. So viel Arbeit ist das aber nicht. Mal Zählerstände ablesen oder eine Eigentümerversammlung. Der Zeitaufwand beläuft sich durchschnittlich auf zwei bis vier Stunden pro Woche im Durchschnitt. Bei Wohnungsübergaben hat man natürlich mehr Arbeit. Wenn aber alles vermietet ist, hat man auch mal wochenlang nichts zu tun.

Wie sieht Deine zukünftige Anlagestrategie aus? Bleibst Du den Immobilien treu oder planst Du auch andere Investitionen?

Ich glaube, ich bleibe den Immobilien treu. Ich werde den Immobilienbestand, wenn es sich denn ergibt, weiter ausbauen. Auf langer Sicht möchte ich aber auch einen Teil stiften. Das würde aber nur gehen, wenn das Stammkapital nahezu erhalten bleibt. Und welche Themen ich unterstütze, steht auch noch nicht fest.

Du bist ja nun schon einige Zeit ohne Erwerbsarbeit. Was hat sich seitdem verändert? Wie sieht Dein Leben aus?

Um 7 Uhr stehe ich auf. Dann trinke ich ungefähr ein bis zwei Stunden lang Kaffee, dann gehe ich mit dem Hund etwa eine Stunde raus, auf dem Rückweg gehe ich einkaufen und hole Brötchen. Dann wird die Frankfurter gelesen. Manchmal gehe ich auch auf das Laufband. Dann ist meist schon Mittagszeit. Wenn das Wetter schön ist fahre ich gern auch in ein Eiscafe und treffe mich mit alten Freunden.

Hast Du irgendwelche Projekte in der Mache?

Ich bin immer auf der Suche nach Immobilien.

Was macht für Dich den Sinn aus, noch zu arbeiten und Projekte zu entwickeln, wenn Geld doch eigentlich keine Motivation ausmachen sollte? Welche anderen Faktoren motivieren?

Genau diese Frage ist die Schwierigste von allen. Ich hätte auch nicht gedacht, dass ich mich mit dieser so schwertun würde. Nur Gassi gehe und Eiscafé bringt es auf Dauer auch nicht. Aber es sollte auch was sein, was Spaß macht. Wo keiner mir vorschreibt, wann ich was wo zu erledigen habe. Von daher schwebt mir eine kleine Selbstständigkeit vor. Wie sich das entwickeln wird, weiß ich noch nicht.

Die Südseefrage kann ich mir auch nicht verkneifen. Für viele steht bei der finanziellen Freiheit ausgiebiges Reisen oder gar das Auswandern ganz oben auf der Hitliste. Wie ist das für Dich? Gibt es eine Zukunftsvision am Strand?

Jaaaaa. Meine Familie hat ein kleines Standbein im Süden von Spanien. In Zukunft werde ich sicherlich mehr Zeit dort verbringen. Ein Wohnortwechsel steht noch nicht auf der Agenda, kann aber mal eine Option werden. Sowas geht natürlich nur mit einer „kleinen“ Selbstständigkeit.

Woran erkennt Dein engeres Umfeld, dass Du irgendwie anders lebt?

Es kann sich kaum jemand vorstellen, weil keiner dieses Thema auf dem Schirm hat. Aber an einem Spruch kann ich mich erinnern: „Warum hast Du denn gekündigt, dein Job war doch sicher. Aber da und da suchen sie doch noch Leute“. Sie können es sich einfach nicht vorstellen.

Mit wem redest Du über Deine finanzielle Freiheit?

Schwierig. Auf alle Fälle ist das immer das Thema des Abends. Die meisten sind schon sehr neugierig. Viele trauen einem das auch nicht zu. Das sind dann aber auch die, für die es ein Tabu ist, mal eine Wohnung zu vermieten. Noch ist das so, dass ich gerne davon erzähle, wenn ich denn gefragt werde. Wenn ich der Meinung bin, dass es gerade nicht so passend ist, sage ich, dass ich Immobilien verwalte. Stimmt ja auch. Die meisten denken dann aber sofort an den klassischen 9-to-5 Job.

Wollen andere Menschen manchmal wissen, wie Du diesen ungewöhnlichen Weg gegangen bist?

Ich glaube, deshalb finde ich Dein Buchprojekt und auch das Buch von Monika Reich so klasse. Viele möchte finanziell frei sein, wissen aber nicht, wo sie anfangen sollen und wie es funktioniert. Viele halten es sogar für unmöglich und nur mit einem Lottogewinn für möglich. Da finde ich es klasse, dass es Menschen wie beispielsweise Monika Reich gibt, die ihren Weg beispielhaft in einem Buch beschrieben hat. Das macht es anderen einfacher, an so ein Ziel überhaupt zu glauben und dann daran zu arbeiten.

Was bedeutet für Dich Reichtum? Und gibt es nicht den Gedanken bei Dir, Du könnest doch noch länger arbeiten und Dir damit dann ein viel luxuriöseres Leben leisten?

Ich glaube, so ähnlich hat Alex Fischer das mal gesagt: Mit Geld kaufst du dir Zeit, in der du nicht arbeiten brauchst. Wenn du genug Geld hast, um bis zu deinem Lebensende nicht mehr arbeiten zu müssen, bist du reich. Welche Summe das letzten Endes ist, ist mir dann auch egal. Zudem habe ich mir über die Jahre das sparsame Leben angeeignet. Nun macht es mir nichts mehr aus, sparsam zu leben. Nun kommt auch noch dazu, dass ich Verschwendung und unnötigen Konsum nicht erstrebenswert finde.

Du hast am Anfang unseres Gesprächs gesagt, dass Du über Strecken sehr sparsam gelebt hast. Wie ist das heute?

Ich bin auch weiterhin sparsam. Nur der Gang ins Café ist häufiger geworden. Früher habe ich mir auch nicht jeden Tag die Frankfurter geholt. Meine Ausgaben sind aber nicht gestiegen, die Benzinkosten haben sich verringert. Ich gebe weiterhin pro Monat ungefähr 500 € aus. Allerdings habe ich keine Mietkosten.

Gibt es Momente der Unsicherheit und Überlegungen, es könnte doch nicht reichen?

Natürlich gibt es diese Momente. Ich habe dadurch aber keinerlei Existenzängste. Aus folgendem Grund, ich könnte jederzeit wieder arbeiten gehen, um meine geringen Fixkosten zu decken.

Wie geht Dein Partner mit dem Thema um?

Wir praktizieren getrennte Kassen, sonst funktioniert das nicht. Also bei uns nicht.

Was waren für Dich die größten Probleme und Hindernisse auf dem Weg zur finanziellen Freiheit?

Das Problem, das ich auf dem Weg zur finanziellen Freiheit hatte, war die Motivation so lange hoch zu halten. Manchmal kam dann doch der Konsumteufel um die Ecke.

Drei Jahre habe ich auf freiwilliger Basis nur halbe Tage gearbeitet. In dieser Zeit ist das Ziel ein wenig in den Hintergrund getreten. Das lag wohl daran, dass mir der Weg zur finanziellen Freiheit noch so unendlich lang vorkam. So ein Blog oder ein guter YouTube Kanal hätten da schon geholfen.

Und was würdet Du sagen, sind die wichtigsten Vorteile an Deinem jetzt arbeitsfreien Leben?

Ausschlafen und frei sein. Keiner, der mir sagt, wann ich meinen Urlaub zu nehmen habe. So viel wie ich in den letzten 2 Jahren gelesen habe, hatte ich in den letzten 5 Jahren nicht. So oft wie ich in den letzten 2 Jahren gesagt habe: „Ist das Leben nicht schön“ habe ich in meinem 40 Lebensjahren noch nicht gesagt.

Wenn Dich jemand nach einem Rat fragt, warum man die finanzielle Freiheit anstreben sollte und wie man es am besten schafft, was würdet Du ihm oder ihr raten?

Einfach anfangen. Mut zur Bank zu gehen und nach einer Hypothek fragen. Schnell tilgen. Man braucht Motivation, ein Ziel, fleißig sollte man zudem sein, sparsam und auch Ausdauer haben. Oft habe ich von Bekannten gehört „Du hattest einfach nur viel Glück gehabt“. Da ist natürlich was dran. Ich hatte immer gute Mieter. Das kann man aber beeinflussen, indem man qualitativ gute Wohnungen kauft. Solvente Mieter findet man selten in den Ghettos.

Ich bin davon überzeugt, dass, wenn man ein Ziel vor Augen hat und dieses dann unbedingt erreichen möchte, man alles daransetzt, dieses auch zu erreichen. Finanzielle Ausgaben jeglicher Art werden überprüft. Zudem ist Sparsamkeit sehr wichtig, wenn man so wie ich, nur zu den Durchschnittsverdienern gehört. Im Job habe ich auch immer mehr geleistet als andere. Meist zahlt sich das aus, z.B. durch Beförderung oder mehr Geld oder auch nur spannende Projekte. Zudem ist es wichtig durchzuhalten. Erfolge motivieren da unglaublich.

Trilinguale Freiheit mit zwei Kindern

Emma und Robert sind ein Ehepaar mit internationalen Wurzeln. Sie kommt aus Schottland, er aus Rumänien, und da aus einer Gegend mit ungarischer Bevölkerung. Kennengelernt haben sie sich in Deutschland, dort haben sie derzeit auch ihren Hauptwohnsitz. Sie haben zwei kleine Kinder und sind seit 2015 finanziell frei.

Emma und Robert, wie ist der Gedanke entstanden, finanziell frei zu werden? Könnt ihr noch sagen, wer den Gedanken zuerst hatte? Und warum kam er?

Robert: Das ist eine lange Geschichte. In 2007 habe ich in Deutschland einen Job als Softwareentwickler gefunden, die Firma wollte mich einstellen, konnte dies aber ohne eine Arbeitserlaubnis für mich nicht realisieren. Diese haben wir dann auch beantragt, sie wurde aber erstmal abgelehnt. Ich hatte als Plan B auch die Alternativvorstellung, als Freelancer für die Firma zu arbeiten. Mit dem Vorteil, dass ich auch andere kleinere Kunden behalten konnte. So haben wir es gemacht und im Nachhinein war das für mich das Beste, was mir passieren konnte. Mehr Geld, mehr Freiheiten und weniger Abgaben. Gleichzeitig bedeutete das aber auch mehr Arbeit, aber in der damaligen Lebensphase war das in Ordnung für mich.

Schnell habe ich erfahren, dass ich keine Arbeitslosenversicherung und noch wichtiger, keine Rentenbeiträge leisten muss. „Wow!“, dachte ich! Logischerweise blieb als Selbständiger am Ende des Monats viel mehr Geld auf meinem Konto zurück. Super! Und hier komm ich zum Punkt. Rente. Das war der erste Auslöser in Richtung finanzielle Unabhängigkeit. Damals habe ich natürlich an Altersvorsorge gedacht. Es ist zwar schön keine Rentenbeiträge zu zahlen und mehr zu verdienen, was mache ich aber, wenn ich älter bin?

Also habe ich angefangen in private Rentenversicherungen zu „investieren“. Diese ganze Rentengeschichte, ob privat oder gesetzlich, erschien mir aber schnell recht dubios und unsicher aus verschiedenen Gründen. Die Kosten waren ziemlich hoch. Zwar hatte ich schöne Kalkulationen darüber bekommen, wie hoch meine Rente sein könnte mit verschiedene Renditevarianten, vorausgesetzt ich zahle bis zu meinem 60. oder 65. Lebensjahr ein. Ich hatte trotzdem ein recht ungutes Gefühl, weil ich mich dann mit der Frage beschäftigen musste: wie viel Rente brauche ich denn? Schnell war mir klar, dass ich die Frage nicht mit einer Zahl beantworten konnte. Ich habe doch keine Ahnung, wie viel Geld ich brauchen werde und was noch wichtiger ist: Niemand weiß, was für eine Kaufkraft eine monatliche Rente von beispielsweise 2000 € in 30 Jahren haben wird! Deshalb machten diese Rentenprognosen für mich irgendwie keinen Sinn und darauf konnte ich mich nicht verlassen. Dann passierte ein paar Jahre auch nichts in diesem Bereich, zwar hatte ich kein großes Vertrauen in die privaten Rentenversicherungen, was Besseres kannte ich aber auch nicht. Also zahlte ich einfach schön weiter ein. Emma war in dieser Zeit klassisch angestellt. Sie hat in die gesetzliche Rente einbezahlt und hat sich über ihre Altersvorsorge keine großen Gedanken gemacht. Ich hätte es vermutlich auch nicht so intensiv gemacht, wenn ich angestellt gewesen wäre.

Emma: Ja, genau. Altersvorsorge war erstmal nicht mein Thema. Unser Weg zur finanziellen Freiheit war schon ein langer Prozess. 2009 ist Robert auf das Buch Rich Dad Poor Dad gestoßen, ich habe es dann auch gelesen. Damals ging es darum, Finanzthemen besser zu verstehen und uns einen Überblick über unsere Ausgaben zu verschaffen. Robert Kiyosaki wurde mit 47 finanziell frei. Die Idee fanden wir gut, und Robert hat sich das Ziel gesetzt, mit 50 dieses Ziel zu erreichen.

Dann ist Robert 2012 auf „Der Millionär nebenan" gestoßen. Wir haben es als Hörbuch gehört und konnten uns besser mit den Ideen darin identifizieren. Besonders toll fanden wir die Statistik, dass von allen Einwanderergruppen in den USA die Ungaren und die Schotten prozentual die meisten Millionäre hatten (nur die Russen hatten mehr). Wahrscheinlich weil die Ungarn fleißig und die Schotten geizig sind. Da dachten wir, dass wir ganz gute Karten haben! Robert hat dann im Internet recherchiert und ist da natürlich auf Mr. Money Mustache gestoßen. Er hat fleißig alle Beiträge gelesen und ich habe mich auch ein bisschen reingelesen. Die Ideen fand ich auch sehr interessant, eher vom Lebensstil her – mir war das mit den ETFs aber noch etwas zu kompliziert. Nach kurzer Zeit hat Robert sein Ziel geändert und wollte nun so schnell wie möglich finanziell frei werden.

Ich fand diese Idee verlockend, weil ich mich wie ein Roboter in meinem Beruf gefühlt habe und keine Aufstiegschancen sehen konnte. Keine Möglichkeiten, etwas Neues zu lernen oder mehr Geld zu verdienen, immer nur genau das Gleiche zu machen. Das hat mich ziemlich fertiggemacht, und ich wollte einen Ausweg finden. Bei der Lektüre von MMM habe ich angefangen darüber nachzudenken, wie mein Leben aussehen könnte, wenn ich nicht mehr arbeiten müsste. Ich hätte endlich Zeit, das zu machen, was ich wollte. Dabei sind mir unzählige Dinge eingefallen, die ich gerne machen würde, wenn ich die Zeit hätte. Damit wurde dann auch ich überzeugte Anstreberin einer finanziellen Freiheit.

Wie sah Euer Weg zur finanziellen Freiheit in der Realität aus? In was habt Ihr investiert und wie lange hat es gedauert, bis Ihr Eure finanzielle Freiheit erreicht habt?

Robert: Der erste Schritt war unser Eigenheim. Mitte 2008 haben wir angefangen, mit dem Gedanken zu spielen, gemeinsam eine Wohnung zu kaufen. Zwar hatten wir noch nichts Konkretes gefunden, wir hatten aber ein gemeinsames Ziel! Nachdem wir dann ein paar Exposés angeschaut hatten und eine Idee, wie viel Geld wir bräuchten, haben wir in den Turbomodus geschaltet und alles gespart, was wir sparen konnten. Alle Gehaltserhöhungen mitgenommen und alles ausprobiert, um zusätzliche Nebeneinkünfte zu verdienen. Zwar hatten wir eigentlich genug Geld um 20% Eigenkapital für eine Durchschnittswohnung zu zahlen, wir wollten aber so wenig Darlehen wie nur möglich, aufnehmen. Eine konkrete Wohnung hatten wir ja eh noch nicht gefunden, also haben wir die Zeit genutzt und schön gespart. In dieser Zeit habe ich dann viele Programmierungsarbeiten angenommen, so dass ich oft bis spät in die Nacht gearbeitet habe. Dann habe ich mich noch spontan entschieden einen Nebenverdienst zu starten. Ich habe Geschäftskontakte in meiner eigenen Branche vermittelt. Das erwies sich auch als überraschend lukrativ, was unseren Plänen nicht unbedingt geschadet hat. Als wir dann schließlich eine Wohnung gefunden hatten, konnten wir über die Hälfte der Kosten aus Eigenkapital finanzieren.

Hier habe ich zum ersten Mal gemerkt, wie viel mehr wir schaffen können, wenn wir ein konkretes Ziel vor uns haben. Ich schalte in solchen Situationen einfach auf das Turbopedal und höre nicht auf, bis ich das Ziel erreicht habe. Ein Ziel, an das ich glaube und welches für mich realistisch ist, kann mich extrem motivieren. Es ist wie ein Spiel, das ich gewinnen möchte. Das hat uns bis heute geholfen und begleitet.

Ein weiterer großer Meilenstein auf unserem Weg wurde dann ein halbes Jahr nach dem Kauf unserer Wohnung erreicht: Wir hatten die Situation, dass wir relativ wenig Darlehen aufnehmen mussten und die monatliche Rate entsprechend überschaubar war. Gleichzeitig haben wir Gewohnheiten, was Sparen und Geld verdienen angeht, beibehalten. Ein halbes Jahr später haben wir dann festgestellt, dass wir wieder genug Eigenkapital für eine kleinere Wohnung hatten. Die Such-Benachrichtigungen vom Immobilienportal liefen auch weiter. Anfang 2010 hatten wir eine schöne, zentrale 2 Zimmer-Wohnung gefunden. Dabei müssen wir zugeben, dass wir uns damals als Investmentanfänger gar keine Gedanken über die Rendite gemacht haben. Wir haben nicht mal die Mietrendite ausgerechnet. Ein Berater hat uns ein paar Kalkulationen gemacht, ein überflüssiges Versicherungsprodukt verkauft und bunte Zahlen erzählt, von denen wir vielleicht die Hälfte verstanden haben. Wie auch immer, die haben uns überzeugt, die Wohnung ohne Eigenkapital und mit 100 % Darlehen zu kaufen. Stattdessen sollten wir unsere 30.000 € anderswo investieren. Wir waren nicht ganz überzeugt. Trotzdem haben wir es gemacht. Was uns aber klar war: Wir hatten eine vermietete Wohnung, welche sich selber langsam abbezahlt und steuerlich hat es uns auch geholfen. Über finanzielle Unabhängigkeit wussten wir immer noch nichts, aber wir hatten was für unsere Altersvorsorge getan. So hatten wir eine neue Wohnung und eine neue Rolle. Wir waren plötzlich Vermieter. Außerdem hatten wir ein neues Problem. Was sollten wir mit unserem Geld tun, welches eigentlich als Eigenkapital eingeplant war? Die Antwort darauf fanden wir erst eineinhalb Jahre später. Im Sommer 2011 haben wir unser Erspartes mit 4.25 % auf 5 Jahre als Termingeld angelegt.

So ging die Zeit ins Land. Wohnungssuche, Protokolle lesen und Besichtigungen wurden zu unseren Hobbies. Wir haben extrem viel gelernt nach dutzenden Wohnungsbesichtigungen. Mit einem Blick auf die Zahlen konnten wir dann schon einschätzen, ob es sich lohnt, das Objekt anzuschauen. 2012 hatten wir dann gleich zwei Wohnungen in einem Haus zu einem super Preis und ohne Provision gekauft. Kurz vor der Geburt unserer Tochter, 2013 folgte die vierte Wohnung. Anfang 2014 haben wir dann eine winzig kleine, aber interessante Wohnung gefunden, besichtigt und zugesagt. So wurden es zum Schluss fünf vermietete Objekte. Die Zinssätze wurden immer niedriger, gleichzeitig wurde es aber immer schwieriger etwas zu finden. Wir waren in dieser Phase ausschließlich auf Immobilien konzentriert. Was Besseres wussten wir nicht. Nicht mal was Vergleichbares. Den Plan finanziell frei zu werden, hatten wir trotzdem noch nicht. Es dauert einfach viel zu lange, trotz Eigenkapital, bis die Wohnungen nach Plan abbezahlt sind.

Emma: Genau. Der Gedanke war zunächst einfach, eine paar Wohnungen zu kaufen, die wir und besonders unsere Mieter über 30 Jahre abbezahlen würden, und mit 60 hätten wir dann zusätzlich zu meiner gesetzlichen Rente und Roberts privater Rente dann ein paar Euro mehr im Monat, die uns hoffentlich über Wasser halten würden. Wir dachten immer, dass wir erst dann finanziell frei wären, wenn die Wohnungen völlig abbezahlt wären und wir dann direkt von den Mieteinnahmen leben könnten. Dann haben wir angefangen, die Sondertilgung voll auszunutzen, um die Kredite schneller abzubezahlen. Im Sommer 2015 hat Robert ausgerechnet, dass wir nicht bis dahin warten müssten – wir hatten schon das Geld für die Sondertilgungen für die nächste 3 Jahren – dann wären 4 von den 5 Wohnungen abbezahlt und würden so viel an Mieteinnahmen reinbringen, um unsere Lebenshaltungskosten zu decken. Außerdem hatten wir genug Ersparnisse, um bis dahin unsere Lebenshaltungskosten zu decken.

Wie ist der Plan entstanden, finanziell frei zu werden?

Robert: Damals, Anfang 2014, war Emma mit unserem zweiten Kind schwanger, und als meine Mutter zu Besuch kam, haben wir die Chance genutzt und sind ausgegangen. Ein ganz seltener Moment in unserem neuen Elterndasein. Nur zur Zweit! Ohne schreiendes Kind in einem Restaurant! Dort haben wir in aller Ruhe darüber gesprochen, wie viele ähnliche, abbezahlte Wohnungen wir brauchen würden, um ausschließlich von den Mieteinnahmen zu leben. Wir haben uns eine rote Serviette genommen, nach einem Kuli gefragt und darauf notiert: „Wie viel monatliches Netto-Einkommen brauchen wir?“ - wir haben uns einfach 3.500 € als Ziel gesetzt, obwohl unsere aktuellen Ausgaben viel niedriger sind. Dann haben wir die Wohnungen untereinander mit den entsprechenden Netto-Mieteinnahmen aufgeführt. Nachdem grob die Steuer abgezogen wurde, hatten wir zum ersten Mal eine Zahl vor uns: 2.713 €! Soviel zu den Mieteinnahmen, wenn alle Kredite abbezahlt wären. Später gingen die Berechnungen weiter. Ein Zeitraum wurde dann auch grob berechnet. Die Zinsbindung, Restschuld der jeweiligen Darlehen sind ja bekannt, die Miete grob prognostiziert. Nachdem wir dann die maximalen Sondertilgungen auch reinberechnet hatten, stieg weißer Rauch auf: Anfang 2020 sollten wir finanziell frei sein. Zwar war die Berechnung etwas ungenau und andere Einnahmequellen hatten wir ganz außen vorgelassen. Trotzdem war dieses Abendessen ein Wendepunkt in unserer Denkweise und für unser Leben. Das war das erste Mal, dass wir „genug“ definiert und als Ziel gesetzt hatten. Es war erstaunlich befreiend.

Während wir am Anfang in unserer Strategie zu 100 % auf Immobilien fixiert waren, hat sich dann ein Web-Projekt von mir recht gut entwickelt und angefangen deutlich zu unserem Einkommen beizutragen und zwar zum größten Teil passiv. Plötzlich hatten wir also zwei relativ passive Standbeine.

Emma: Ja, stimmt. Roberts Internetportal wurde immer größer. Er hat Werbung darauf geschaltet und das brachte nun einiges an Einnahmen. Das Einkommen ist nicht ganz passiv, eigentlich muss Robert nur ganz wenig Zeit dafür verwenden. Aber weil´s sein Baby ist, finde ich ihn schon ganz oft am Rechner. Er bastelt ständig rum, um es schöner und benutzerfreundlicher zu machen und schreibt viele Artikel, um die Seite aktuell zu halten.

Robert: Kommen wir zu unserem dritten Standbein. Das hat sich wie von alleine ergeben. Wir haben beide gearbeitet, hatten gleichzeitig Einkünfte aus meinem Web-Projekt, aber unsere Kosten blieben auf demselben Niveau. Wir konnten sehr viel sparen und es stellte sich die Frage, wohin damit. Wir haben uns dann Anfang 2016 entschieden, nach und nach in weltweite ETFs zu investieren, um somit weiter zu diversifizieren. Nur von Immobilien abhängig zu sein, fanden wir doch ein wenig riskant, zumal alle unsere Wohnungen in einer einzigen Stadt sind. Trotzdem sind wir auch dem Aktienmarkt gegenüber kritisch eingestellt. Obwohl man über ETFs ja sehr breit aufgestellt ist, so ist ein Crash durchaus möglich, dazu kommen mögliche zukünftige steuerliche Risiken, die wir problematisch finden. Auch auf mein Online-Business möchte ich nicht angewiesen sein. Die Risiken sind hier unkalkulierbar und das Geschäft kann von heute auf morgen stark fallen. Solange ich Spaß dran habe, ist alles okay. Wenn nicht, dann möchte ich aufhören können. Die Wahrscheinlichkeit, dass alle diese Einnahmequellen gleichzeitig eine Talfahrt hinlegen, aus welchem Grund auch immer, halte ich für extrem gering. Deshalb macht es Sinn, auf alle drei Standbeine gleichzeitig zu setzen, um bestens diversifiziert zu sein.

Gab es da irgendwelche Vorbilder, die Euch inspiriert haben?

Emma: Wir haben die üblichen Bücher und Blogs gelesen – Rich Dad Poor Dad, Der Millionär nebenan, MMM, Jim Collins, Early Retirement Extreme. Dabei war MMM eher unser Vorbild. Robert Kiyosaki von Rich Dad Poor Dad war für uns zu sehr aufs „Reichwerden“ fixiert – wir wollten das alles nicht, keine großen Autos, Häuser, Luxusgegenstände. Dafür konnten wir uns genauso wenig vorstellen, wie Erik vom Early Retirement Extreme im Wohnwagen zu leben und nur 7.000 Dollar im Jahr auszugeben. Wir suchen eher einen Mittelweg und haben es bei MMM gefunden. Wir wollten einen ganz „normalen“ Lebensstil, nur mit viel Zeit für unsere Kinder, Hobbies, Leidenschaften und Reisen. Wir wollten einfach nur Freiraum schaffen, um uns auf die wichtigsten Dinge im Leben zu konzentrieren.

Robert: Stimmt, von Robert Kiyosaki haben wir zwar einige Bücher gelesen, dennoch würde ich ihn nicht als Vorbild bezeichnen. Er hat aber definitiv unsere Augen geöffnet und uns eine Denkweise übermittelt, die uns sehr geholfen hat. Später, Anfang 2014 habe ich den Blog MrMoneyMustache.com entdeckt. Er hat uns sehr geholfen, klarer zu sehen und ihm haben wir auch zu verdanken, dass wir uns das Ziel finanzielle Unabhängigkeit als solches gesetzt haben. Mittlerweile ist er ein Rockstar in der Community und ist klar zu einem Vorbild für uns geworden.

Und wie definiert Ihr für Euch finanzielle Freiheit? Heißt es reich zu sein?

Robert: Wenn ich mir die Blogs in unserer Community anschaue, dann stelle ich fest, dass es sowas wie einen Rennen um das größte Vermögen und die Schnelligkeit der Zielerreichung gibt. Das ist schade, denn ich finde, das lenkt von der wichtigsten Frage ab und schränkt einen in eine einzige Strategie ein. Für die meisten ist das der ETF Anlagemarkt und sie brauchen ja nichts Anderes zu tun, als genug Kapital zu sammeln, um mit der 4-Prozent-Regel die finanzielle Freiheit zu erreichen. Dieser Weg erscheint für mich aber zu einseitig und riskant.

Meine Definition von finanzieller Freiheit wäre eigentlich eine sehr klassische: Genug wiederkehrendes passives Einkommen (bzw. Cashflow) zu haben, um alle unsere Kosten für immer zu decken. Anders gesagt: es ist uns ziemlich egal, wie viel Geld auf dem Konto liegt oder wie viel Vermögen wir haben, wichtig ist, wie viel monatlich reinkommt und ob das unsere Kosten nachhaltig decken kann. Finanzielle Freiheit bedeutet aber deutlich mehr als Cashflow oder Vermögen. Für mich sind die Optionen des Lebens wesentlich, also wie wir unser Leben leben und wo wir leben. Dazu kommt die Freiheit, Störfaktoren aus unserem Leben auszuschalten und auf der anderen Seite Elemente reinzuholen, die uns glücklich machen. Vielleicht ist es das wichtigste, die Freiheit darüber nachzudenken, was einen glücklich macht und die noch größere Freiheit, das auch umzusetzen. Im Leben dreht sich schließlich alles um Glück!

Emma: Für mich bedeutet finanzielle Freiheit auch, genug Geld zu haben um die Kosten zu decken und ich finde, noch ein bisschen mehr, damit man nicht nach jedem Cent gucken muss. Das macht schließlich auch keinen Spaß. Ein bisschen Polster soll auch da sein, damit man nachts ruhig schlafen kann. Mehr nicht. Für mich hat Reichtum nichts mit Geld zu tun, sondern mit Lebensqualität. In dem Sinne heißt für mich finanziell frei doch reich zu sein – reich an Zeit, reich an Gesundheit, reich an Familie und Freunden, reich an Projekten, die einen erfüllen und sinnvoll erscheinen, reich an Lebensfreude und an Lust, immer wieder Neues zu lernen und sich zu entwickeln.

Wie war das als Ihr gemerkt habt, dass Ihr finanziell frei seid?

Robert: Unser Plan war ja, dass unsere passiven Einkünfte unsere Kosten Anfang 2020 decken würden, nachdem die Wohnungen alle getilgt wären. Mitte 2015 habe ich mit meiner Excel Tabelle rumgespielt, simuliert, gedreht und gewürfelt. Irgendwann habe ich gemerkt, dass es soweit ist. Nicht nur das, wir waren bereits seit einigen Monaten finanziell frei! Natürlich habe ich das ganze mehrmals überprüft, bevor ich es Emma gezeigt habe. Wir konnten keinen groben Denkfehler oder Rechenfehler entdecken! Wow!

Was habe ich anders gerechnet? In meiner ursprünglichen Annahme hatte ich unsere Bargeldreserven nicht berücksichtigt. Diese würden unsere Kosten auch für ein paar Jahre decken. Und zwar bis zur Kompletttilgung der Immobilienkredite. Auf dem „Servietten-Plan" hatten wir außerdem unsere Ausgaben falsch eingeschätzt. Da wir die Kosten seit vielen Jahren genau tracken, konnte ich hier genau nachprüfen, dass die echten Ausgaben niedriger sind. Zusätzlich habe ich den Fehler gemacht, dass ich private Rentenbeiträge als Ausgaben gezählt habe, dabei brauchen wir doch keine Rentenbeiträge zu zahlen, wenn wir finanziell frei sind! Wir hätten also 2015 aufhören können, zu arbeiten. In der Theorie war das eine schöne Nachricht. Dennoch haben wir uns dagegen entschieden, gleich alles hinzuschmeißen und nicht mehr zu arbeiten. Wir fühlen uns mit einem signifikanten Puffer deutlich besser.

Emma: Ja. Bei uns war da nicht der klassische Moment, bei der man ein klares finanzielles Ziel hat, was man an einem bestimmten Tag erreicht hat. Das haben wir zwar bei einigen US-Bloggern so gelesen, aber bei uns war das anders. Mit der ETF-Strategie ist das tatsächlich viel offensichtlicher. Bei uns hat Robert eigentlich erst im Nachhinein bemerkt, dass wir schon finanziell frei waren, indem er mit seiner Excel Tabelle rumgespielt hat.

Was hat sich seitdem verändert? Was habt Ihr verändert?

Emma: In dem Moment als Robert festgestellt hat, dass wir finanziell frei waren, hat sich eigentlich nichts geändert. Uns ging es wie vielen Bloggern, man kommt in eine Art Anti-Klimax. Man hat sein Ziel erreicht, aber von sich aus, ändert sich gar nichts. Die Veränderungen muss man selbst veranlassen.

Nach meiner Elternzeit wollte ich nicht mehr in meine bisherige Firma zurückkehren. Ich wollte mich selbständig machen und etwas Neues ausprobieren. Ich hatte zwei Ideen – Englischlehrerin für kleine Kinder und Fitnesstrainerin für junge Mütter. Entsprechend habe ich angefangen meine Fitnesstrainer B Lizenz zu machen. Mit den zwei Kids war meine Zeit aber knapp und ich bin mit dem Lernmaterial nicht schnell genug weitergekommen. Ich war die ganze Zeit gestresst und es hat mir nicht gutgetan. Ich habe das mit Robert viel besprochen und habe erkannt, dass Englischstunden oder Fitnesskurse mich sehr an unseren Wohnort binden würde. Wir könnten nicht einfach so mehrere Monate nach Rumänien fahren oder schnell in Schottland eine Hochzeit besuchen. So habe ich beide Ideen aufgegeben.

Meine nächsten Ideen waren freiberufliche Übersetzerin, Robert mit seiner Webseite helfen, die Wohnungen verwalten und als Hausmeisterin in unserem Haus arbeiten. Letztere zwei Sachen mache ich tatsächlich viel. Roberts Webseite hat mir leider keinen Spaß gemacht und Übersetzungsaufträge habe ich auch nicht viele. Ehrlich gesagt, suche ich sie auch nicht. Ich habe ein paar Kunden, die mir ab und zu mal was schicken und das reicht mir auch.

Ich habe mich sehr lange mit dem Gedanken schwergetan, nicht mehr mein eigenes Geld zu verdienen und quasi von Robert abhängig zu sein. Langsam habe ich mich aber damit angefreundet und es ärgert mich nicht mehr. Schließlich mache ich sehr viele Sachen, die ziemlich wichtig sind, aber kein Geld reinbringen: Kinder erziehen, Haus und Familie verwalten, viel Papierkram – in letzter Zeit habe ich viele Versicherungsverträge gekündigt, das hat Spaß gemacht! Natürlich machen viele Frauen das ganze neben ihrem Vollzeitjob – Hut ab, welch Leistung! Da das bei uns aber nicht sein muss, habe ich die Zeit, alles viel entspannter anzugehen und mich Projekten zu widmen, die mir Spaß machen, wie beispielsweise unseren Blog. Es ist so auch viel entspannter, wenn ein Kind krank wird und nicht in die Kita kann – dann bleibt es einfach zuhause. Ich muss zwar oft meinen Tagesplan dann völlig umschmeißen, aber meistens ist das nicht so kritisch, wie wenn ich zu einer Arbeit gehen müsste.

Robert: In meinem Fall gab es Ende 2014 einen Wendepunkt. Ich hatte fast täglich für einen größeren Kunden gearbeitet. Diesen habe ich seit Jahren betreut und obwohl mein Stundensatz mehrmals erhöht wurde, langweilten mich die Aufgaben. Irgendwann habe ich mich dann entschieden, dass es so nicht weitergehen kann. Mein Online-Business hatte angefangen Einnahmen zu generieren, zusätzlich hatte ich noch andere Kunden, für die ich jeweils ein paar Stunden monatlich gearbeitet habe, ich war also nicht abhängig von diesem großen Kunden. So habe ich mein ganzes Selbstbewusstsein in meinen Hosentaschen zusammengesucht und kurzfristig einen Termin mit dem Geschäftsführer der Firma ausgemacht. Ich habe ihm vorgeschlagen, dass ich im nächsten Jahr nur halb so viel Zeit für die Firma zur Verfügung stehen würde, gleichzeitig habe ich meinen Stundensatz verdoppelt. Gut, ich habe es nicht wirklich so kurz und arrogant dargestellt, sondern habe erklärt, dass ich mehr Zeit für meine Familie brauche. Außerdem habe ich angeboten, jemanden mit deutlich weniger Erfahrung und damit weniger Kosten einzuarbeiten, der die einfachsten Aufgaben übernehmen könnte. Gleichzeitig habe ich ihm klargemacht, dass ich von seiner Firma nicht wirklich abhängig bin, da ich sowohl andere Kunden habe, als auch eigene Projekte. Was ich ihm vorgeschlagen habe, hat meiner Meinung nach für die Firma viel Sinn gemacht. Trotzdem war es ein gewagtes Gespräch. Ich war ein bisschen platt, als ich aus dem Büro kam, dass ich den Mut dazu aufgebracht hatte. Mir war aber auch klar, dass ich nichts zu verlieren hatte. Ich habe meine Alternativen und Worst-Case-Szenarien in meinem Kopf durchgespielt. Wenn er nein gesagt hätte, dann hätte ich mich auf neue Kunden und neue, spannende Projekte gefreut. Noch besser, ich hätte viel Zeit gehabt, mein Online-Business weiter auszubauen. Reserven hatten wir auch genug um ein paar Jahren zu überleben und wenn's finanziell eng werden würde, könnten wir jederzeit zu meinen Eltern nach Ost-Europa ziehen und unsere Kosten extrem senken. Was übrigens gar kein schlechtes Szenario ist.

Was folgte, war ein Paradebeispiel davon wie F-You Money funktioniert. Im Gespräch hat mein Chef nicht viel gesagt. Er konnte vermutlich nicht wirklich fassen, was er da gehört hatte. So nach dem Motto: „Da will jemand weniger arbeiten und seinen Stundensatz gleichzeitig verdoppeln?! Bitte was?“ Dennoch bekam ich nach ein paar Tagen die Zusage. Er hat tatsächlich mitgemacht.

Ich hatte also in 2015 jede Menge Zeit, um mich um Dinge zu kümmern, die mich interessierten. Ich habe gleichzeitig mit anderen Projekten rumexperimentiert, die lukrativer sind und mehr Spaß machen, habe neue, spannende Kunden akquiriert, mit denen ich nur remote arbeite. Unterm Strich war das eine der besten Entscheidungen meines Lebens und ich wünschte, ich hätte diesen Schritt früher gewagt und mich von der quasi-Abhängigkeit von einem Kunden befreit. Der Kunde hatte übrigens auch viel davon. Sie haben jüngere Leute angestellt, die weniger verdienen und die Arbeit trotzdem erledigen können. Gleichzeitig war ich als Freelancer weiterhin da, wenn ich gebraucht wurde.

Emma war noch bis Sommer 2015 in Elternzeit. Ich kann mich noch erinnern, als wir uns 2-3 Monate vor ihrer geplanten Rückkehr in die Arbeitswelt hingesetzt haben, um ihren tatsächlichen Stundenlohn auszurechnen. Zu diesem Zeitpunkt hatten wir unsere finanzielle Freiheit noch nicht „entdeckt“. Zwar ist ihr Arbeitgeber nur wenige U-Bahn-Stationen von zuhause entfernt, trotzdem, die Reisezeit muss einbezogen sein. Der netto Stundenlohn hat sie richtig geschockt. Wir haben dann unsere Finanzen genauer unter die Lupe genommen und uns entschieden, dass sie eigentlich nicht mehr, und vermutlich nie mehr arbeiten gehen muss. Es würde überhaupt kein Sinn machen. Entsprechend hat dann auch sie ihre Freiberuflichkeit geplant, aber das hat sie ja eben schon beschrieben.

2015 war für uns ein extrem interessantes Jahr. Das passive Einkommen aus meinem Online-Business nahm langsam zu, mein Stundensatz hat sich global vervielfacht. Gleichzeitig hatten wir mehr Zeit für unsere Familie und mehr Freizeit. Wir haben es hinbekommen, mehr als vier Monate unsere Familien im Ausland zu besuchen, was mit Vollzeitjobs undenkbar gewesen wäre. Zwar haben wir dort auch remote gearbeitet, aber es hat sich gezeigt, dass es einfach funktioniert. Dass es sich dann auch noch herausstellt, dass wir eigentlich nie mehr arbeiten müssen (zumindest rein rechnerisch), war ein netter Bonus obendrauf!

Könnt Ihr uns grob verraten, wie Eure Einkommensströme jetzt aussehen?

Robert: Zusammengefasst stehen unsere Finanzen auf vier Säulen:

- Immobilien: Diese Säule haben wir über mehrere Jahre aufgebaut, trotzdem nutzen wir diesen Einkommensstrom aktuell als Reparatur und Investitionspuffer. Davon könnten wir (noch) nicht leben. Wenn die Kredite abbezahlt sind, sieht es nochmal anders aus.

- Online-Business: Erst in 2013 gestartet, deckt es heute eigentlich alle unsere Kosten. Passiv ist es jedoch nicht ganz. Ich muss mich regelmäßig darum kümmern, viele Aufgaben ließen sich aber in Zukunft outsourcen.

- Selbstständigkeit: Wir mussten feststellen, dass unsere Tätigkeiten gefragt sind und alles auch remote machbar ist. Das ist super! Diese Säule ist überhaupt nicht passiv. Wir verkaufen unsere Lebenszeit für Geld. Solange das Spaß macht, ist es okay, es ist aber klar, dass wir diesen Punkt reduzieren werden und weniger für andere arbeiten wollen.

Emma: Das stimmt nicht ganz. Neben meiner Tätigkeit als Übersetzerin bin ich auch noch als Hausmeisterin aktiv. Da ist nicht viel zu tun, so dass ich auf einen Stundenlohn von 150 € komme. Aber mitnehmen kann ich das logischerweise nicht. Aber mach mal weiter.

Robert: Ja, als letztes gibt es bei uns noch die Börse: Alles was noch an Geld übrigbleibt, wird in Index Fonds (ETFs) oder Aktien investiert. Abgesehen von wenigen Dividenden, generiert diese Säule kein Einkommen, sondern dient zur Diversifikation und zur langfristigen Geldanlage.

Wie verwaltet und investiert Ihr Euer Vermögen?

Robert: Was die Investitionen in den Aktienmarkt angeht, das ist bei uns relativ langweilig: Wenn wir das Gefühl haben, dass wir ETFs nachkaufen sollen, tun wir das. Wir investieren in zwei ETFs: MSCI World und MSCI Emerging Markets in jeweils gleicher Höhe. Ein paar Einzelaktien zum Spielen sind auch dabei. Wir versuchen, den Markt und die Wirtschaft, so gut es geht, zu verstehen. Das betrachten wir nicht als Arbeit, sondern als Grundwissen. Wir sind alle von wirtschaftlichen Änderungen abhängig, deshalb ist es uns auch wichtig diese Prozesse zu verstehen.

Mit den Immobilien gibt's natürlich mehr Arbeit. Nicht viel Arbeit, aber mehr als mit Fonds. Den größten Zeitaufwand macht die Prüfung und Nachberechnung der Unterlagen, die wir von den unterschiedlichen Verwaltungen bekommen. Das macht normalerweise kein Mensch, außer meine Emma, die es sich zum Hobby gemacht hat, ein Albtraum für Immobilienverwaltungen zu sein und alle deren Abrechnungen nachzurechnen. Ich möchte nicht wissen, wie beliebt sie dort ist, ist uns aber auch egal. Sie lernt extrem viel dazu!

Mieterwechsel, Renovierungen und sonstiges war bislang kein großes Thema. Mietausfälle hatten wir bislang auch nicht. Da unsere Wohnungen alle ziemlich zentral liegen und die Nachfrage gewachsen ist, sind die Wohnungen zum Großteil auch langfristig vermietet. Es ist uns aber bewusst, dass wir hier noch beim einen oder anderen Objekt in der Zukunft entweder Hand oder Geld anlegen müssen.

Emma: Bei den Immobilien hat Robert die kreativen Ideen, Neues auszuprobieren und verbringt seine Zeit damit, herauszufinden, wie das dann geht. Ich bin für die tagtäglichen Details zuständig, es mag sein, dass dies die eine oder andere Hausverwaltung anstrengend findet. Ich für meinen Teil versuche gerade alle solche Vorgänge soweit wie möglich zu optimieren und zu automatisieren, damit sie so wenig Zeit, wie möglich, in Anspruch nehmen. Eigentlich macht es mir Spass, mich um die ganzen Details zu kümmern, weil ich ständig etwas dazu lerne und immer mehr Überblick über das ganze gewinne. Als ich Vollzeit gearbeitet habe, hatte ich wenig Zeit dafür und ehrlich gesagt, auch ein bisschen Schiss vor den ganzen Zahlen. Aber je mehr ich mich damit auseinandersetze, desto einfacher wird das Ganze, und ich habe immer mehr das Gefühl, mich ziemlich gut auszukennen. Es ist ein gutes Gefühl, wenn ich eine Abrechnung am Anfang nicht verstehe und dann nach ein bisschen logischem Denken und viel Rechnen doch rauskriege, wie das alles läuft. Im Augenblick nimmt diese Verwaltung noch ziemlich viel Zeit in Anspruch, durch meine Automatisierung wird das hoffentlich besser. Und nachdem ich alles so gut wie möglich verstanden habe, wird die Zeit für Recherche auch weniger.

Ihr kommt aus zwei verschiedenen Ländern und lebt in einem dritten Land? Finanziell frei könnt Ihr wahrscheinlich sehr unabhängig auswählen, wo Ihr leben wollt. Spielt diese Freiheit bei der Wohnortwahl eine Rolle?

Robert: Wir fühlen uns in Deutschland wohl. Wir sind hier auf eine gute Gemeinschaft gestoßen und haben diese weiter mit aufgebaut. Wir könnten ohne weiteres in ein günstigeres Land wie beispielsweise Ungarn oder Rumänien ziehen. Aus finanzieller Sicht würde das natürlich Sinn machen, da unsere Einkünfte weitgehend unabhängig sind von dem Land, in dem wir leben. In unserer Situation würden wir aber nie auf die Idee kommen, den Fehler zu machen, aus steuerlichen Gründen oder wegen eines höheren Einkommens in ein anderes Land zu ziehen. Andere Gründe, wie Familie, Gemeinschaft oder Erziehung der Kinder könnten aber die Wohnortwahl entscheiden, und über sowas ähnliches denken wir auch ernsthaft nach.

Finanziell frei zu sein heißt ja auch mehr Optionen zu haben. Ich finde es traurig, wie viele Familien weit verstreut leben müssen. In meiner Heimat arbeitet in fast jeder Familie ein Elternteil dauerhaft oder die Hälfte des Jahres in West-Europa. Damit hält sie die Familie finanziell über Wasser. Ein Nachbar von meinen Eltern arbeitet die Hälfte des Jahres sogar in Chile.

In meinem Fall bin ich über 1400 km von meinen Eltern entfernt und muss aus der Ferne beobachten, wie sie älter werden und gesundheitlich abbauen. Ich kann nicht da sein, wenn sie Hilfe brauchen oder wenn sie im Krankenhaus sind. Hier in Deutschland treffe ich aber auch erstaunlich viele Menschen, die hunderte Kilometer weit weg von ihren Eltern leben. Die Kinder treffen oft ihre Großeltern nur wenige Male pro Jahr. Das ist für mich nicht normal und dank unserer Situation, können wir das für uns anders gestalten. Für mich ist das der größte Vorteil unserer finanziellen Freiheit: unsere Familie selber zu organisieren, unsere Reisen, unseren Wohnort, unser Leben. Eben wichtige Entscheidungen selber zu treffen und nicht vom Gehalt, einem Job und einem Chef abhängig zu sein. Abhängigkeiten gibt's zwar immer und völlige Freiheit, zumindest mit Familie, ist eher schwieriger, aber zu welchen Grad wir abhängig sind, ist nicht egal! Ich war auch einige Jahre in der „normalen" Situation, dass ich meinen Chef um Erlaubnis bitten musste, um in Urlaub fahren zu können. Ja, es ist mir bewusst, dass das „normal" ist, aber ich finde das schon ziemlich unglaublich, dass die meisten Menschen das über 40 Jahre lang, und zwar während den besten Jahren ihres Lebens, machen, ohne sich nach Alternativen umzuschauen!

Emma: Das ist eine sehr gute, sehr relevante Frage! Wir haben uns in den letzten Monaten tatsächlich entschieden, in Roberts Heimatstadt in Rumänien zu ziehen. Wir haben die letzten zwei Sommer dort verbracht, jeweils drei Monate, und es ist eine Freude zu sehen, wie gut es den Kindern und Roberts Eltern geht, wenn sie zusammen sind. Roberts Eltern sind ansonsten alleine, da sein Bruder und seine Schwester ebenfalls im Ausland mit ihren Familien wohnen. Das ist sehr schwierig und traurig für Roberts Eltern. Besonders unsere Tochter hat sofort viele Freunde in Rumänien gefunden und fühlt sich dort sehr wohl. Die Kinder fühlen sich in Deutschland auch wohl, aber in Rumänien ist es einfach anders. Uns gefällt das etwas langsamere Leben dort, mit viel Grün und viel Natur. Ursprünglich wollte ich, dass wir innerhalb Stuttgarts umziehen, aus der Stadtmitte raus ins Grüne, aber langsam kamen wir zur Erkenntnis, dass wir durch unsere finanzielle Freiheit nicht in Deutschland leben müssen. Es gibt keinen wesentlichen Grund, wieso wir hierbleiben sollen. Es war erstaunlich, wie wenig ich aus Deutschland vermisse, wenn ich in Rumänien bin. Ich vermisse meine Matratze, da meine Matratze in Rumänien sehr unbequem ist und auch ein paar Freunde, aber nichts Wesentliches.

Ich habe auch ein bisschen Bedenken, unsere Kinder in einem Drittland, in dem Fall in Deutschland, großzuziehen. Irgendwann, spätestens, wenn sie in die Schule kommen, wird Deutsch ihre dominante Sprache werden. Für mich sind meine Kinder durch die Herkunft ihrer Eltern ungarisch und schottisch, nicht Deutsch. Aber sie sind in Deutschland geboren, und wenn sie hier aufwachsen, werden sie sich natürlich zumindest teils deutsch fühlen. Oder sie entwickeln eine ganz verwirrte Identität. Wenn sie in Rumänien aufwachsen und die ungarische Schule besuchen, die Robert auch besucht hat, wird ungarisch die dominante Sprache. Ich habe damit kein Problem, sie sind ja vom Blut her halb ungarisch. Ich bin für den schottischen Teil ihrer Identität zuständig und ich glaube, es wird einfacher, wenn wir ihnen nur zwei Identitäten mitgeben, statt zwischen drei zu jonglieren. Wir werden natürlich schauen, dass sie weiterhin deutsch sprechen, was durch Donauschwaben in Roberts Heimatregion und entsprechender Veranstaltungen machbar sein sollte. Ich möchte nicht falsch verstanden werden. Die Zeit in Deutschland war super, aber letztendlich geht es um unsere Heimatidentität. Wenn wir dort wohnen, wo wenigstens Robert und die Kinder Wurzeln haben, wird die Identitätsfrage wesentlich einfacher für uns.

Wie sieht Euer Alltag aus?

Emma: Mein Alltag ist sehr unterschiedlich – das ist das Beste an unserem Leben und auch der größte Unterschied zum Alltag von Menschen, die Vollzeit arbeiten. Einer von uns bringt die Kinder morgens in die Kita, soweit ist da noch kein Unterschied zu den „normalen" Menschen. Danach kann es sein, dass wir zusammen ausgiebig frühstücken, bevor wir anfangen zu „arbeiten", oder manchmal gehe ich zu einem Müttertreffen, wo sich Mütter zwei- oder mehrsprachigen Kinder über verschiedenen Themen austauschen. Oder ich gehe in die Stadt einkaufen, zur Post, zur Bank, zur Ärztin, eben all die langweiligen alltäglichen Dinge, die immer Stress bereiten für Menschen mit Vollzeitjobs. Oder ich sitze vor dem Computer und kümmere mich um unsere Wohnungen. Oder ich habe einen Übersetzungsauftrag. Oder ich schreibe einen Blogartikel. Oder ich koche. Oder ich putze das Treppenhaus, das mache ich als Hausmeisterin. Im Herbst muss ich auch Laub kehren. Und mehrmals in der Woche unsere Mülleimer raustragen. Es gibt eben tausende Sachen, die gemacht werden müssen, bzw. die ich machen will. Wenn ich noch mehr Zeit hätte, würde ich mehr Musik spielen und an meinem Rumänisch und Ungarisch arbeiten – das sind nämlich Sachen, wofür ich mich echt begeistere. Ich hoffe, dass es bald mehr Zeit dafür geben wird. Gegen 15:30 Uhr holt einer von uns die Kinder ab und wir treffen Freunde, gehen auf dem Spielplatz oder machen andere Sachen mit den Kindern. Oft gehen wir zusammen an diese Kinderorte, und Robert wird von anderen Müttern komisch angeschaut. Ihre Männer kommen erst abends um 20 Uhr nach Hause. Sehr praktisch sind unsere Möglichkeiten, die Kinder bei Krankheiten auch im Laufe des Tages abholen zu können. Bei Kleinkindern kommt das immer mal vor. Mit einer Vollzeitstelle ist dies eine echte Herausforderung. Ich musste zu meinen angestellten Zeiten einmal meine Tochter früher abholen und die Chefs fanden das gar nicht lustig. Ich kann auch den Arbeitgeber verstehen. Es ist blöd, wenn Mitarbeiter einfach plötzlich gehen müssen und dann vielleicht einige Tage wegbleiben. Und das immer wieder. Hier ist angestellte Arbeit und Eltern sein einfach schwer zu vereinbaren. Genauso bei Kita-Schließtagen und später bei den Schulferien.

Ich kann mir gut vorstellen in ein paar Jahren mehr zu arbeiten, wenn mich die Kinder nicht mehr so sehr brauchen und eh den ganzen Tag in der Schule sind und mit ihren Freunden spielen. Das wäre aber auch eher in Richtung Online-Business. Ich glaube nicht, dass ich je wieder als Angestellte arbeiten werde.

Robert: Wir arbeiten auch, aber von zuhause aus und an eigenen Projekten. Ob wir das Arbeit nennen sollten, weiß ich gar nicht. Tatsächlich arbeite ich wöchentlich nur 2-3 Stunden für Kunden. Die restliche Zeit bekommen wir aber problemlos gefüllt mit allen möglichen Sachen. Hauptsächlich arbeite ich an meinem Online-Business. Es ist eine lebendige Community und es macht mir Spaß, sie zu entwickeln, zu pflegen und sie wachsen zu sehen. Das nimmt bei mir ca. 4-5 Stunden pro Woche in Anspruch.

Es hört sich für manche erstaunlich an, aber das, was ich als unser „Leben" bezeichne, „frisst" all die Zeit, die noch übrigbleibt. Wir beschäftigen unsere Kinder, organisieren und besuchen Veranstaltungen in unseren Heimatorganisationen und pflegen deren Webseiten. Ständig sammle ich Sachspenden für Waisenhäuser und Schulen in Siebenbürgen, zeitaufwendig ist hier die Organisation der Transporte. Für mich ist diese Arbeit in Vereinen und Organisationen eine gute Art Gemeinschaft zu erleben und aktiv zu sein. Für mich macht es Sinn, und dazu macht es mich einfach glücklich! Ein weiterer Zeitfaktor in unserem Leben ist Sport. Im Alltag bewegen wir uns nicht viel, und so ist das sicherlich eine gute Investition in unsere Gesundheit.

Ihr betreibt den Blog whatlifecouldbe.eu und organisiert tolle Treffen für finanziell freie Menschen in Europa. Ist das für Euch Hobby oder Arbeit? Warum macht Ihr das?

Robert: Richtig, Ende 2015 haben wir unseren Blog gestartet. Arbeit ist das definitiv nicht. Ich denke, viele Blogger, die mit ihren Blogs auch finanzielle Ziele verfolgen, werden früher oder später erkennen, dass das Bloggen zur Arbeit wird. Wir haben den Blog gestartet, um interessante Menschen mit ähnlichen Interessen oder in ähnlichen Situationen kennenzulernen. Es ist unser gemeinsames Projekt, wir schreiben beide und nur dann, wenn wir was zu erzählen haben. Innerhalb kurzer Zeit hatten wir spannende Kontakte und uns war schnell klar, dass wir die Kontakte auch persönlich kennenlernen wollten. Deshalb haben wir ein europäisches Treffen über das Thema Finanzielle Unabhängigkeit (kurz FIWE) ins Leben gerufen. Im Sommer 2016 fand dieses Treffen zum ersten Mal statt, für uns ein großer Erfolg.

FIWE soll es auch in den nächsten Jahren geben. Nicht auf einer kommerziellen Ebene, wie aktuell in den USA. Jeder kann sich für eine Teilnahme bewerben, auch werden Redner nicht bezahlt werden. Es sollte also auch günstig bleiben, was uns wichtig ist, denn wir wollen die Idee der finanziellen Freiheit gerne verstärkt unter jungen Menschen in Europa bekannt machen. Ein weitergehendes Ziel ist, die grundsätzlichen Ideen und Strategien in möglichst vielen Schulen und Unis europaweit vorzustellen. Ich weiß, das klingt utopisch und es wird kein schneller Prozess, wir sind aber zum Glück nicht alleine!

Emma: Das ist definitiv Hobby! Das machen wir aus Spaß und haben nicht vor, jemals Geld damit zu verdienen. Das ist auch der Sinn der Sache. So erkenne ich, ob eine Sache komplett freiwillig ist. Wenn ich dafür kein Geld bekomme, es aber trotzdem total toll finde und gerne machen will, ist es auf jeden Fall wertvoll für mich und ich mache es weiter.

Wir haben den Blog gestartet, um mehr Menschen kennenzulernen, mit denen wir uns über Finanzthemen, finanzielle Freiheit, Minimalismus, Lebensstil und vielem mehr austauschen können. Auch wollten wir ein europäisches Zeichen setzen, dass die Bloggerszene in diesem Bereich sehr US-dominiert ist.

Unser erstes FIWE 2016 Budapest ist meiner Meinung nach super gelungen und ich freue mich wahnsinnig, FIWE 2017 zu organisieren. Ich glaube, die europäische Community ist eine ganz tolle und kann noch toller werden. Es ist total spannend, daran zu arbeiten und mitzuerleben, wie das ganze lebendig wird. Es gibt sehr viele Blogs, die gleichzeitig mit uns gestartet sind und wir werden immer mehr. Das finde ich toll.

Was macht den Sinn aus, noch zu arbeiten und Projekte zu entwickeln, wenn Geld doch eigentlich keine Motivation ausmachen sollte? Welche anderen Faktoren motivieren?

Robert: Ich habe viele Jahre im Bereich Online Marketing gearbeitet und habe vieles gelernt. Aktuell macht es mir nicht mehr richtig viel Spaß. Es wäre aber auch schade, es ganz einzustellen. Zumal ich meine Kunden anders beraten kann, weil für mich Geld keine große Rolle spielt. Ich empfehle oft einfache, kostengünstigere Lösungen, die mir zwar finanziell nichts bringen, aber meinen Kunden glücklich machen. Das kommt gut an, und ich habe oft ein freundschaftliches Verhältnis zu meinen Kunden. Ich kann das zusätzliche Geld aus diesen Projekten gut gebrauchen. Nicht für mich persönlich, sondern für andere Menschen. Mit einer Stunde Arbeit hier in Deutschland kann ich zum Beispiel in Siebenbürgen für zwei Schüler das Internat für ein ganzes Jahr zahlen. Mit 2-3 Stunden Arbeit kann ich für ein Dutzend Waisenkinder einen Ausflug finanzieren. Das muss man sich erstmal vorstellen!

Emma: Was interessiert mich? Was ist für mich total spannend? Was konnte ich bisher aus Zeitgründen nicht machen? Ich liebe Sprachen und übersetzen, mir wurde aber die Übersetzertätigkeit im Büro nach ein paar Jahren langweilig. Jetzt bin ich auf die Idee gekommen, ungarische Dokumentarfilme ins Englische zu übersetzen und daraus Untertitel zu machen. Einfach so, als Hobby. Das hilft meinem Ungarisch, weil ich die Dokus erst tausendmal anhören muss, um sie richtig zu verstehen und zu transkribieren, dann sind meine Übersetzungskünste gefordert, um das ganze schön ins Englische zu übersetzen, dann werde ich etwas ganz Neues lernen, eben wie man Untertitel erstellt. Ich müsste natürlich auch herausfinden, wie legal das Ganze ist. Selbst wenn ich die Untertitel nie hochladen dürfte, würde das Projekt trotzdem für mich Sinn machen, weil ich viel lernen würde.

Das Leben anderer Menschen besser zu machen, ist für mich auch eine große Motivation. Wir haben enge Kontakte zu einem Kinderheim in Roberts Heimatstadt und organisieren Spendenaktionen. Wir haben diesen Sommer sogar Deutschunterricht für die Kinder gegeben. Aber ich habe auch gesehen, wie sehr es hilft, die Kinder einfach zu besuchen, Interesse für deren Leben zu zeigen und zusammen zu spielen. Das werden wir sicherlich mehr machen, wenn wir nach Rumänien umgezogen sind. Und wir werden bestimmt immer wieder Ideen haben, wie wir anderen Menschen helfen können. Ich möchte meinen Schwiegereltern auch mehr helfen. Sie werden älter und haben im Haus, Hof und Garten viel Arbeit. Sie haben uns mit den Kindern viel geholfen und ich möchte für sie da sein, wenn sie älter werden.

Wenn Geld als Anerkennungsmoment nicht mehr so eine Rolle spielt, was liefert dann für Euch das Gefühl, was Gutes gemacht zu haben? Von anderen Anerkennung zu bekommen?

Robert: Menschen, für die finanzielle Freiheit ein Ziel ist, sind, glücklicher und umweltbewusster. Zumindest die, die ich kennengelernt habe. Themen wie Nachhaltigkeit, Gemeinschaft, gesunde Ernährung, Umweltschutz sind für fast alle Selbstverständlichkeiten. Es geht gar nicht darum Menschen zu überzeugen, nicht zu arbeiten. Wenn man sich über seine Finanzen nicht mehr viele Gedanken machen muss, dann arbeitet man anders, man arbeitet mit Herz und Seele und man ist einfach glücklicher! Ich möchte lieber von einem Zahnarzt behandelt werden, der mein Geld nicht braucht, und der mir die für mich beste Behandlung zukommen lässt und mir nicht die teuersten andreht.

Wenn ich es schaffe, junge Menschen zu begeistern, über ihre Lebensplanung und ihre Finanzen nachzudenken und ihnen damit helfe, letztlich ein bewussteres und glücklicheres Leben erreichen zu können, dann macht mich das glücklich. Ich habe nichts davon finanziell frei zu sein und allen zu erzählen, wie toll das ist. Es gibt eine Welt da draußen, welche es zu verändern und zu verbessern gilt.

Emma: Wie oben gesagt, wenn ich an etwas Spaß habe oder das Leben eines anderen Menschen verbessert habe. Oder etwas geschaffen zu haben, meinen Kindern etwas beigebracht zu haben. Soziale Kontakte sind auch wichtig. Wie einen schönen Abend mit Freunden, bei denen alle glücklich nach Hause gehen.

Woran erkennt Euer engeres Umfeld, dass Ihr irgendwie anders lebt? Wie reagieren sie darauf?

Robert: Schwieriges Thema. Wir verbergen unser Leben nicht. Weder, dass wir zuhause und wenig arbeiten, noch dass wir viele Monate im Ausland bei unseren Familien sind. Leider sind die Reaktionen aber selten von Neugierde geprägt, sondern eher von Neid. Wir würden gerne erzählen, wie wir unser Leben meistern, aber es interessiert keinen.

Emma: Ja, in der Hauptsache erkennen sie es an unseren langen „Urlauben". Sie sehen natürlich nicht, dass wir in Rumänien und Schottland auch arbeiten und wollen das auch nicht richtig wahrnehmen. Irritierend sind sicherlich auch unsere Spontanreisen, beispielsweise zu Hochzeiten oder größeren Veranstaltungen. Keiner kann wirklich verstehen, wie wir das hinkriegen. Wir vermuten, dass Roberts Bruder glaubt, er sei arbeitslos und wolle dies einfach nicht zugeben. Unsere Erklärungen zu unserer Art des Lebens scheinen da meistens nicht anzukommen.

Ansonsten merken die Erzieherinnen in der Kita, dass wir beide die Kinder abholen und nicht nur ich. Gerade nachmittags machen das sonst nur die Frauen. Aber Robert taucht oft um 15:30 Uhr in der Kita auf in seinen stinkigen Sportsachen, weil er gerade vom nahegelegenen Fitnessstudio kommt. Da ist es dann klar, dass er keinen „normalen" Job hat. Nachteilig daran ist, dass die Kita die Situation auch manchmal ausnutzt. Sie wissen, dass wir zuhause sind und nicht im Büro, deswegen rufen sie an, sobald die Kinder nur das kleinste Zeichen von Fieber zeigen oder wenn sie schlecht drauf sind. Mit den angestellten

Eltern machen sie das längst nicht so leichtfertig. Das müssen wir einfach hinnehmen, weil das doch ein eher kleineres Problem ist.

Mit wem redet Ihr über Eure finanzielle Freiheit? Wie reagieren die Menschen?

Robert: Wir erleben in unserem Umfeld wenig Offenheit. Man hält uns für verrückt oder fahrlässig, was die Planung für unsere Rente angeht. Sie verlassen sich auf die staatliche Rente und können sich nicht vorstellen, dass wir dort nichts einzahlen und dieses System eher kritisch sehen. Zum Glück gibt es mittlerweile einige Menschen, die wir über unseren Blog kennengelernt haben. Es ist ein gutes Gefühl, mit diesen über dieses Thema frei reden zu können.

Emma: Nun gut, einige wenige aus unserem Umfeld haben hier und da schon Interesse. Ein befreundetes Paar hat uns erzählt, dass sie ein paar Mietwohnungen haben. Wir haben erzählt, dass wir auch welche haben. Dann konnten wir uns über Immobilien austauschen. Die fanden es auch toll, Leute zu haben, die sich für das Thema interessieren. Erst langsam haben wir von unseren Zielen erzählt und erst neulich gaben wir zu, eigentlich finanziell frei zu sein. Sie hat es überrascht, aber sie haben es sehr positiv aufgenommen. Selbst sind sie aus diversen Gründen sehr weit davon entfernt, aber sind auch glücklich mit ihren Entscheidungen. Wir versuchen nicht, jeden zu missionieren und zu überzeugen, dass sie auch unser Ziel anstreben sollten. Wenn man anfängt, zu predigen, hat man schon verloren. Deswegen ist es so toll, dass wir durch den Blog so viele Gleichgesinnte gefunden haben, die wir gar nicht missionieren müssen.

Soweit ich Euch bisher erleben konnte, lebt Ihr sehr sparsam. Gibt es von Euch selbst oder aus dem Umfeld manchmal den Impuls, dass Ihr auch ein sehr viel luxuriöseres Leben leben könntet, würdet Ihr einfach noch arbeiten?

Robert: Viele Menschen können nicht wirklich verstehen, wieso wir nicht die neusten Markenklamotten kaufen und wieso wir immer die günstigsten Sachen besitzen, obwohl sie doch mitbekommen haben, dass wir Geld haben. Einige Freunde oder sogar Familienmitglieder halten uns für verrückt, weil wir kein Auto haben, oder weil wir uns im Restaurant eine Hauptspeise teilen. Das Auto brauchen wir nicht, eine ganze Portion schaffen wir schlicht alleine nicht. Sie können uns nicht in eine Schublade stecken. Wir sind für viele einfach komisch und wir tun uns entsprechend schwer, unsere Form von „Minimalismus-Light“ als Lebensstil zu erklären. Dabei besitzen wir noch viel zu viel Kram, was wir überhaupt nicht brauchen, und wir geben immer noch einiges an Geld aus für Sachen, die uns nicht wirklich glücklicher machen.

Emma: Natürlich könnten wir viel „luxuriöser" leben, aber wozu denn? Unser derzeitiges Leben ist für uns der Luxus pur. Wir haben viel Zeit und viel Freiraum. Abgesehen davon, dass wir quasi Vollzeit-Eltern sind. Wir haben einfach kein Bedürfnis nach Luxusautos oder einem Haus. Eigentlich könnten wir noch viel mehr Geld ausgeben, ohne dass wir arbeiten müssten, aber das tun wir einfach nicht. Wir haben nicht das Gefühl, auf irgendetwas zu verzichten. Wenn wir etwas wollen oder brauchen, kaufen wir es einfach. Aber bei uns kommt das eben ziemlich selten vor. Manchmal müssen wir mehr Geld ausgeben als wir eigentlich wollen. Neulich war ich in Schottland auf einem Junggesellenabschied. Das ging über ein ganzes Wochenende und war ganz schön teuer, weil die anderen Gäste es eben gewöhnt sind, teuer essen zu gehen und anschließend Cocktails in schicken Bars zu trinken. Ich habe das mitgemacht, weil es für mich die Ausnahme war und das Wochenende sehr viel Spaß gemacht hat. Es war es mir Wert, das Geld auszugeben damit ich dabei sein konnte, aber sowas mache ich eben nicht jedes Wochenende, deswegen hatte ich auch keine Schuldgefühle.

Gibt es Bereiche in Eurem Leben, in denen Euch die Kosten egal sind?

Robert: Grundsätzlich sind mir keine Kosten wirklich egal, es gibt aber welche, die mich eher glücklich machen als andere oder die nützlicher sind. In dem Fall schaue ich nicht so streng auf den Preis. Beispielsweise tue ich mich schwer, für ein Gläschen Wein in einem Restaurant 5 Euro auszugeben. Die allgemeine Verschwendung von Lebensmitteln oder auch anderen Dingen gehört auch nicht zu meinen Hobbies. Das Kosten/Nutzen bzw. Kosten/Glück Verhältnis muss für mich stimmen. Wenn es beispielsweise darum geht, Tickets für ein beliebtes Kinderkonzert zu kaufen, dann sitzt mein Geld lockerer in meiner Tasche. Gleiches gilt für unsere Krankenversicherung oder medizinische Behandlungen von uns wie von unseren Eltern. Das sind Bereiche, wo wir auf wichtige Leistungen nicht verzichten möchten.

Emma: Es geht mir ähnlich wie Robert. Mir sind keine Kosten komplett egal. Aber ich finde es wichtig, unseren Kindern schöne Erlebnisse anzubieten. Damit meine ich nicht teures Spielzeug, sondern Ausflüge aufs Land, Schwimmbadbesuche und ähnliches. Davon gibt es vieles, was günstig oder gar gratis ist. Ich würde aber nie nur aus Kostengründen zu einem Erlebnis „nein" sagen. Viele Angebote finde ich aber aus anderen Gründen nicht toll, wie Kinobesuche irgendwelcher blöder Kinderfilme oder überteuerte Freizeitparks. Außerdem müssen die Kinder anständige Kleider und eine wettergerechte Ausrüstung haben. Da sind auch viele Sachen überteuert, aber wenn die Kinder Gummistiefel brauchen, kriegen sie welche. Keine Markenstiefel, aber trotzdem feste, anständige Gummistiefel. Das Ganze muss nicht die Welt kosten, aber da ist Geld sparen eben nicht die oberste Priorität.

Ihr habt zwei Kinder. Wie wachsen diese im Unterschied zu anderen Kindern auf? Wie vermitteln sie anderen Kindern, was ihre Eltern machen? Oder wie vermutet ihr, dass sie dies in der Zukunft tun?

Emma: Bisher wachsen die Kinder eigentlich ganz normal auf, bis auf die Tatsache, dass sie ihren Papa sehr viel sehen. Wir sagen ihnen, dass wir tagsüber arbeiten, während sie in der Kita sind und sie haben bisher nicht näher gefragt. Der größte Unterschied zwischen unseren Kindern und den meisten anderen Kindern ist, dass sie eben viel im Ausland sind und dreisprachig aufwachsen. Sie verbringen viel Zeit bei ihren Großeltern, sowohl bei den ungarischen als auch den schottischen, und müssen das ihren Freunden in Deutschland erklären. Mit unserem Umzug nächstes Jahr wird sich das ändern, da sie dann ständig bei den ungarischen Großeltern sind. Sicherlich werden sie auch dann mehrmals pro Jahr kurz nach Schottland fliegen.

In der Zukunft hoffe ich, dass wir unseren Kindern einfach viel Zeit bieten können, um mit ihnen die Welt und vor allem die Natur zu entdecken. Sie sollen wissen, wo ihr Essen herkommt und wie die verschiedenen Bäume heißen. Wir wollen mit ihnen auch viele Ausflüge in Rumänien, Ungarn und Schottland machen. Das machen andere Eltern natürlich auch, meistens aber nur am Wochenende oder in den Ferien. Ich bin gespannt, wie das ganze bei uns wird.

Außerdem wollen wir die Kinder schon sehr früh über Geld und Finanzen aufklären. Robert hat schon versucht, seinem neunjährigen Neffen den Zinseszinseffekt zu erklären, indem er ihm beigebracht hat, wie man Cappuccino macht und ihm dann pro Cappuccino 1 ron (22 cent) bezahlt hat. Er durfte sich sein Geld entweder am Ende der Woche auszahlen lassen oder zu 10 % pro Woche (!) verzinsen lassen, wenn er es drin lässt. Am Ende des Sommers haben sie dann zusammen ausgerechnet, wie viel Geld er ohne Zinsen verdient hat, wie viel er mit Zins, aber ohne Zinseszins hätte und schließlich, wie viel er mit Zinseszins tatsächlich bekommen sollte. Ich glaube, er hat das Konzept ganz gut kapiert, weil er direkt was davon gehabt hat. Hoffentlich finden wir auch mehr solche Spiele, die wir mit unseren

Kindern spielen können, damit sie die Grundprinzipien von Geld und Finanzen schnell lernen.

Robert: Das wird die Zukunft zeigen. Noch sind sie mit 2 und 4 Jahren sehr klein. Eins ist sicher: wir werden alles tun, um sie über Finanzen, Lebensplanung, Gemeinschaft und Glück aufzuklären. Ich hoffe, sie werden den Unterschied merken und Fragen dazu stellen. Wir kennen aber auch noch kein „Rezept", welches auf jeden Fall funktioniert. Lass uns in 10-15 Jahren auf das Thema zurückkommen!

Ihr lebt ja eher ein ungewöhnliches Leben, für das es nicht viele Vorbilder gibt, an denen Ihr Euch orientieren könnt. Gibt es Momente der Unsicherheit, an denen Ihr zweifelt? Überlegungen, es könnte doch nicht reichen? Wie geht Ihr damit um?

Robert: Wir bauen unsere Finanzen auf unterschiedlichen Säulen. Das haben wir nicht ganz so geplant, aber wir sind ziemlich glücklich, dass es so gelaufen ist. Ich habe das Gefühl, dass wir mehr als genug diversifiziert sind. Wenn wir trotzdem in finanziellen Schwierigkeiten geraten würden, dann sieht die Welt um uns sicherlich deutlich trauriger aus.

Ich habe schon Zweifel an einzelnen Säulen. Beispielsweise bin ich nicht zu 100 % optimistisch, was den Aktienmarkt angeht. Nur weil es langfristig immer nach oben ging, heißt es für mich nicht unbedingt, dass es immer nach oben gehen wird. Ich kann mir schon vorstellen, dass über eine längere Zeit die Weltwirtschaft nach unten gehen könnte. Auch könnte sich in unserer Stadt die regionale Wirtschaft langfristig nach unten entwickeln und somit die Mieten teilweise ausfallen. Dass wir mit Mietnomaden kämpfen müssen, ist nicht ganz ausgeschlossen. Mein Einkommen aus dem Online-Business könnte auch einbrechen. Es könnte auch vorkommen, dass ich keine Projekte oder Jobs in meinem Bereich finden werde, wenn ich denn wieder arbeiten müsste. Aber dass all das gleichzeitig passiert, ist nach meiner Auffassung extrem unwahrscheinlich. Deshalb habe ich überhaupt keinen Zweifel an unserem Plan als Ganzes.

Was für mich auch sehr wichtig ist, und das hat mich in den letzten 10 Jahren immer bei meinen Entscheidungen unterstützt, den „Worst Case" zu kennen und damit zufrieden zu sein. Wenn wir alle materiellen Sachen verlieren und alle Investments verloren gehen würden, was würden wir machen? In so einem Fall würden wir vermutlich einfach in mein oder Emma's Elternhaus ziehen. Oder vielleicht Privatinsolvenz anmelden. Beides sind Szenarien, mit denen wir leben könnten. Und das ist entscheidend bei größeren Risiko-Entscheidungen.

Emma: Eigentlich nicht! Wir sind 100 % davon überzeugt, dass wir genug haben und wenn es dann doch irgendwie anders wird, bin ich zuversichtlich, dass wir einen Weg finden werden, um Geld zu verdienen. Das ist das Gute an der finanziellen Freiheit – wenn es doch schiefgeht, kann man einfach wieder arbeiten gehen. Ängste entstehen meistens, weil vieles ungewiss ist. Man kann einfach nicht vorhersagen, was kommt. Sowohl privat als auch in den Märkten. Deswegen muss man sich einfach die allerschlimmsten Szenarien ausmalen, die man sich vorstellen kann und sich fragen, wie man dann reagieren würde. Dann hat man keine Angst mehr. Durch unseren Umzug werden sich dazu unsere Kosten wesentlich senken und unser Puffer wachsen. Deswegen schlafe ich ruhig bis die Kleinen mich um 5 Uhr morgens wecken.

Was waren für Euch die größten Probleme und Hindernisse auf dem Weg zur finanziellen Freiheit?

Emma: Soweit ich mich erinnere, hatten wir eigentlich keine Hindernisse. Wir haben einen Plan aufgestellt und haben ihn verfolgt, bis wir ihn verwirklicht hatten. Vermieterin zu sein, ist manchmal nicht so einfach, aber ich würde unsere Erlebnisse nicht so richtig als Hindernisse auf dem Weg zur finanziellen Freiheit sehen. Wir haben zwar hart gearbeitet und in kurzer Zeit viel gelernt, aber das war auch eine Bereicherung.

Robert: Mir fällt nichts ein. Von Anfang an hat sich das wie ein Strategiespiel angefühlt. Hier in Deutschland ist es wirklich einfach beispielsweise ein Darlehen aufzunehmen, um eine Anlage-Immobilie zu kaufen. Wir haben beim ersten Kaufvertrag vielleicht nur die Hälfte verstanden, aber der Prozess ist so logisch aufgebaut und gut reglementiert, dass das kein Hindernis war. Der Notar erklärt einem wirklich alles. Außerdem findet man heutzutage genug Informationen im Netz, um vieles über Geldanlagen zu lernen. Es gab sicherlich Herausforderungen, insbesondere was rechtliche und steuerliche Aspekte von unterschiedlichen Anlagen angeht. Das waren aber Dinge, die wir gerne verstehen wollten und die Antworten zu finden, hat richtig Spaß gemacht.

Ich höre so viel Jammern um mich. Seien es die langen Arbeitszeiten, die langen Pendelzeiten, die geringe Zeit für die Familie, der komplexe und riskante Aktienmarkt, bloß keine Schulden machen und so weiter. Dabei ist Deutschland wirklich ein Paradies für alle, die finanziell frei werden wollen. Man muss sich einfach ein wenig Zeit nehmen, um sich in das Thema einzulesen und es dann einfach umsetzen!

Wir sind vor ziemlich genau elf Jahren nach Deutschland gekommen. Wir hatten gemeinsam nicht mehr als 3 bis 4.000 € in unseren Taschen, und ich habe noch zwei Jahre studiert, während Emma schon gearbeitet hat. Wir haben zwei Kinder auf die Welt gebracht und hatten dabei keine große Unterstützung von Familienangehörigen oder sonst jemandem. Trotzdem haben wir es in zehn Jahren geschafft, finanziell unabhängig zu werden. Ich denke, die meisten Deutschen wären dazu auch in der Lage! Die Hürden dazu sind weniger realer, sondern eher mentaler Natur.

Und was würdet Ihr sagen, sind für Euch die wichtigsten Vorteile an Eurem jetzt finanziell freien Leben?

Emma: Auf jeden Fall die Zeit und der Freiraum zu entscheiden, was wir mit unserem Leben machen. Wir haben viel Zeit, um unser Leben zu hinterfragen und zu analysieren und darüber nachzudenken, was uns wirklich glücklich bzw. unglücklich macht. Dadurch kennen wir uns selber viel besser und haben unsere Ziele und Prioritäten klarer definiert.

Wenn Euch jemand nach einem Rat fragt, warum man die finanzielle Freiheit anstreben sollte und wie man es am besten schafft, was würdet Ihr ihm oder ihr raten?

Emma: Ich würde jedem Menschen, der gerne finanziell frei sein möchte, empfehlen, sich über sein ideales Leben Gedanken zu machen. Was ist Dir wichtig? Was ist Dir unwichtig? Was macht Dich im Moment unglücklich? Wie würdest Du das ändern, wenn Du finanziell frei wärst? Erst nachdem man weiß, wo man wohnen wird und was man den ganzen Tag machen wird, kann man seine Kosten schätzen. Das ist die Basis für den Plan, finanziell frei zu werden. Erstmal muss man wissen, wie die Kosten grob aussehen werden. Dann kann man einen Plan aufstellen, wie man diese durch passives Einkommen decken kann. Wenn das eine das andere deckt, ist man finanziell frei. Das ist eine sehr spannende Sache, die unser Leben sehr positiv verändert hat.

Robert: Es lässt sich eigentlich sehr gut zusammenfassen: sparen und gleichzeitig das Einkommen steigern. Beim Sparen kann und sollte man viel machen. Bei mir ging es immer nur darum, an Sachen zu sparen, die mir eigentlich eh nicht so wichtig sind. Auf Dinge, die mich wirklich glücklicher oder produktiver machen, möchte ich nicht verzichten. Sparen ist jedoch begrenzt, da die Ausgaben, egal wie hoch, begrenzt sind.

Beim Einkommen sieht es anders aus. Das ist nämlich unbegrenzt! Genau das ist es, was ein „Durchschnitts 9 to 5-Jobber" nicht versteht. Der aktuelle Arbeitgeber kann zwar das Gehalt begrenzen, aber auf Nebenverdienste wird niemand Grenzen setzen! Niemand kann einen dran hindern, nachzudenken und Ideen zu haben, wie man mit wenig Zeitaufwand viel Geld verdienen kann. Solche Ideen gibt es genug, und auf unserem Blog stellen wir immer mal wieder welche vor. Man muss sich nur umschauen.

Ich würde folgende Punkte hervorheben:

1. Ziel setzen: Ich bin davon überzeugt, dass das der wichtigste Punkt ist. Obwohl es sich vielleicht banal anhört, der Hauptgrund, wieso die meisten Menschen die finanzielle Freiheit in jungen Jahren nicht erreichen ist, dass sie sich das nie als Ziel gesetzt haben. Man kann kein Lotto-Millionär werden, wenn man kein Lotto spielt, schon gar nicht, wenn man Lotto gar nicht kennt. Genauso wenig kann man finanziell frei werden, wenn man sich nicht vorstellen kann, dass es überhaupt möglich ist und es nie anstrebt.

2. Kosten tracken und daraus lernen: Die aktuellen und prognostizierten Kosten sind absolut entscheidend, ob und wann jemand die finanzielle Freiheit erreicht. Ich habe meine Kosten schon während des Studiums im Auge behalten und Excel Listen geführt über jede einzelne Transaktion. Egal, ob ich ein Bier oder ein Flugticket gekauft habe. Ich habe alles reingeschrieben und kategorisiert. Später konnte ich auch Emma überzeugen, das gleiche zu tun und wir haben dann über Smartphone-Apps unsere Kosten und Einkommen protokolliert. Am Monatsende haben wir die Zahlen zentralisiert und wissen damit auf den Cent genau, wohin unser Geld verschwindet. Das ist ein Automatismus geworden, und nachdem wir das alles optimiert haben, nimmt es auch wenig Zeit in Anspruch. Wir tun das immer noch gerne. Tracken ist schön, um aus den Daten zu lernen - das eigene Verhalten zu ändern, ist das eigentliche Ziel damit.

3. Auf Diversifikation achten. Nicht alle Eier in einem Korb legen! Zwar sehen das viele anders, für mich ist aber der Aktienmarkt auch nur ein Korb.

4. Ein eigenes Business starten. Das hört sich erstmal groß und für viele erschreckend an, muss es aber nicht sein. Darunter verstehe ich alles von regelmäßigen Nebeneinkünften bis

hin zu einem Startup mit Potential auf eine mehrfache Millionenbewertung. Man kann und sollte klein anfangen und mit einem Hobby Geld verdienen. Skalierbarkeit sollte man aber nicht vergessen. Wenn ich von Anfang an weiß, dass ich mit meiner Geschäftsidee höchstens 500 € pro Monat verdienen kann und dabei viel Zeit in ungeliebte Arbeit stecken muss, dann sollte ich es lieber lassen und mit etwas Effizienterem anfangen. Unsere Zeit ist sehr begrenzt. Eine grobe Einschätzung vor dem Start eines Business macht hier großen Sinn.

Ein Business kann einen von null in kürzester Zeit in die finanzielle Unabhängigkeit katapultieren. Es gibt Geschäftsideen, bei denen braucht es nicht mal Kapital zu starten. Beispielsweise Vermittlungsgeschäfte. Personalvermittler verdienen schönes Geld, indem sie Bewerber mit Firmen in Kontakt bringen. Dafür brauchen sie ein Telefon, Internet und Zeit. Nicht viel mehr. Kein Kapital. Ein anderes Beispiel ist der Vertrieb. Besonders im IT Bereich kann man 20 bis 40 % Provision verdienen, indem man Geschäftskunden für ein Software-abo findet. Klar, man muss die Softwarelösung kennen und verkaufen können, beides kann man jedoch lernen. Ob sich das lohnt? Naja, man verkauft einmal und bekommt jährlich die Provision, solange der Kunde Kunde ist. Kein Risiko. Kein Investment. Nur Zeit. Genau diese Option hatte ich bei einem Kunden gehabt. Alles kann und will ich aber nicht machen. Wenn eine Geschäftsidee scheitert, ist das nicht das Ende der Welt. Man kann daraus nur lernen und das sind die besten Lektionen.

5. Der Faulheit den Krieg erklären! Wie wär's damit: Statt jeden Abend nach der Arbeit 2-3 Stunden auf den Couch Fernsehen schauen, lieber etwas lernen, was Spaß macht und Potential zum Geld verdienen hat. Webseiten bauen, Online Marketing, Suchmaschinenoptimierung, Social Media Marketing, Google AdWords u.v.m sind alles Sachen, die man in wenigen Wochen gut lernen kann. Klar braucht man Erfahrung, aber man braucht sicherlich kein Studium um auf Freelance Basis im Online Marketing unterwegs zu sein.

6. Es einfach tun! Nicht zu viel nachdenken. Nicht viel warten. Machen!

Abschließend noch ein Gedanke. Es ist klar, dass nicht jeder Beruf sehr gut bezahlt ist. Ein Krankenpfleger oder eine Erzieherin wird eher nicht Stundensätze von 80 - 90€ haben. Das heißt aber nicht, dass all diese Menschen, deren Beitrag zur Gesellschaft enorm wichtig ist, die Hoffnung auf die finanzielle Freiheit aufgeben sollten. Im Gegenteil! Ich bin froh, dass nicht alle Menschen in diesem Land Informatiker sind, und ich bin super dankbar dafür, wie solche Menschen uns und unsere Kinder im Krankenhaus oder in der KiTa behandeln. Solche Menschen braucht die Gesellschaft so sehr und ich wünsche mir, dass sie auch täglich glücklich zur Arbeit gehen und keine Sorgen um Altersarmut haben.

Trotzdem können sie genauso über finanzielle Freiheit lernen und es umsetzen. Wie lange der Weg dazu dauert, hängt nicht so sehr vom Einkommen ab, sondern von der Höhe der Ausgaben und der Sparrate. Und das kann man im Griff haben. Außerdem können auch Geringverdiener über Geschäftsideen nachdenken. Diese Möglichkeit ist nicht nur für bestimmte Berufe reserviert.

Monika ist seit vier Jahren finanziell frei

Monika kenne ich schon eine Weile über unsere Geldgespräche und den Blog Klunkerchen.com. Sie ist 49 Jahre alt und seit vier Jahren finanziell frei. Da wir uns schon näher kennen, konnte ich einige Fragen mehr in meiner Rolle als Coach stellen und etwas tiefer nachbohren. Ich bin immer auf der Suche nach Glaubenssätzen und versteckten Blockaden. Und bin sehr dankbar, dass Monika sich auch in diesem Gespräch sehr offen gezeigt hat.

Monika, ich freu mich sehr, dass ich Dich hier in Deinem schönen Häuschen besuchen durfte. Erzähl uns ein bisschen von Dir. Wie wäre es mit einer kleinen Beschreibung, wie Du lebst?

Na ja, ein bisschen siehst Du das ja schon. Ich lebe mit meinem Mann in einem relativ bescheidenen Reihenhaus mit Garten. Der Garten ist mir sehr wichtig, weil ich super gerne Gartenarbeit mache und mich auch gerne draußen aufhalte. Nebenan wohnt eine gute Freundin, mit der ich mich meistens gut verstehe. Sie hat drei Kinder und diese drei gehen munter bei uns ein und aus. Das ist toll.

Du hast 2015 das Buch „Finanziell frei" veröffentlicht, in welchem Du Deinen Weg zur finanziellen Freiheit beschrieben hast. Kannst Du den Weg nochmal hier zusammenfassen?

Nun, eigentlich habe ich es genauso gemacht, wie es immer empfohlen wird. Bloß dass ich diese Empfehlungen nicht kannte (lacht). Ich habe mir mit 18 ausgerechnet, wieviel Geld ich verdienen und sparen muss, um mit 40 keiner Erwerbsarbeit mehr nachgehen zu müssen. Das war damals übrigens mehr ein Rechenspiel, aber es kam dabei raus, dass es möglich ist. Ich glaube, dass dies sonst nicht viele Menschen glauben. In Folge auch nicht danach streben. Ich habe es jetzt auch nicht zu meinem ausschließlichen Credo gemacht. Dennoch habe ich recht sparsam gelebt und war immer dran interessiert herauszufinden, mit welchen Projekten ich zusätzliches Geld verdienen konnte. Bei den Investitionen mit dem gesparten Geld habe ich gute Anlageformen gewählt und weniger gute. Die wichtigste Investition war ein halbes Mietshaus, was ich mit 28 gekauft habe. Das war eine aufregende, vielleicht auch leichtsinnige Investition. Es hat mich auch einiges an Nerven gekostet. Aber eben auch reich gemacht. Heute können mein Mann und ich unsere Grundlebenshaltungskosten gut von den Mieteinnahmen decken. Das ist das, was ich finanzielle Freiheit nenne.

Hattest Du Vorbilder?

Nein, eigentlich nicht. Frauen in meiner Familie waren eher negative Vorbilder. Sie haben sich alle sehr wenig für Geld interessiert und dies alles ihren Männern überlassen. Schon früh ist da mein Entschluss gereift, dass ich auf jeden Fall finanziell auf eigenen Beinen stehen will. Später konnte ich mir auch vorstellen, die Ernährerin einer Familie zu sein. Für meinen Mann und mich habe ich das dann auch umgesetzt.

Nochmal zurück zu Deinem Mietshaus, was genau war da so anstrengend?

Im Vergleich zur Investition in irgendwelche sterilen Finanzprodukte hat man es bei Mietswohnung mit Menschen zu tun. Den Mietern, manchmal auch der Hausverwaltung und anderen Eigentümern. Besonders die Mieter haben einfach grundsätzlich ein anderes Interesse als die Vermieter. Man kann versuchen, fair zu sein. Aber wenn man auch seine eigenen Interessen wahren will, dann muss man eben auch manchmal härter sein. Und es aushalten, dass die andere Seite andere Vorstellungen hat. Aber mal konkret: Ich hatte es in den 20 Jahren Mietshaus einmal mit einer Mietnomadin zu tun, habe einiges an Wasserschäden erlebt, unfähige Handwerker kennengelernt und nervige Diskussionen zu Nebenkostenabrechnungen aushalten müssen.

Bereust Du es, den Kauf getätigt zu haben?

Heute nicht mehr. In den letzten 20 Jahren aber immer wieder. Ich bin damals mit 28 eher zufällig in den Kauf reingerutscht. Und war zu stolz, um irgendwo im Kaufverhandlungsprozess auszusteigen. Letztlich hat es mich damals aber schon sehr überfordert. Jedes Mal, wenn wieder eine neue Panne passiert ist oder eine andere Partei versucht hat, mit mir zu streiten, kamen diese Überforderungsgefühle hoch, und ich hätte meine fünf Wohnungen am liebsten auf einen Schlag verkauft. Nun eignen sich Immobilien aber nicht für finanzielle Bauch-Schnellschuss-Entscheidungen. Würde ich alle Wohnungen gleichzeitig verkaufen, würden die Gewinne steuerpflichtig werden. Letztlich hat es sich ausgezahlt, die Wohnungen recht lange zu behalten. Im letzten Jahr habe ich dann erstmals eine Wohnung nur aus Gewinnaspekten verkauft. Der Kaufpreis war einfach zu verlockend und die Mieter hatten mich genervt. Allerdings muss ich selbstkritisch sagen, dass die Rendite aus den vom Geld gekauften ETFs und Aktien jetzt auch nicht besser, sondern eher schlechter sind. Ich verstehe dies als Startschwierigkeiten. Auch beim Hauskauf hat sich der Wert des Hauses am Anfang eher nach unten entwickelt, erst über die Jahre wurde es ein ganz gutes Geschäft.

Deine Wohnungen sind schuldenfrei, wie hast Du das innerhalb von 20 Jahren geschafft?

Sparen, sparen, sparen. Nein, dass war es nicht nur. Ich hatte damals den Kredit in drei Chargen aufgeteilt. In 5, 10 und 15 Jahre. Vor 20 Jahren waren die Zinsen deutlich höher, mit jeder neuen Finanzierungsrunde wurden die kurzfristigeren Kredite günstiger. Dazu kamen auf der Einnahmenseite Mieterhöhungen. Wahlweise innerhalb der gesetzlichen Regelung bei den Bestandsmietern oder etwas höhere Schritte, wenn neue Mieter einzogen. Solange ich angestellt gearbeitet habe, konnte ich alles überschüssige Geld investieren und zu den Fälligkeitsterminen in die Tilgung der Kredite stecken. Das überschüssige Geld waren übrigens nicht nur die Überschüsse aus den Mieten. Ich habe auch viel gespart. Ich habe in einer relativ kleinen Wohnung gelebt, hatte kein Auto und habe viel Freude daran, sparsam zu leben. Eigentlich habe ich meinen Lebensstandard nicht sehr erhöht, seit ich studiert habe. Wurde aber als Abteilungsleiterin bezahlt. Die Differenz habe ich gespart.

Wie hast Du Dein Geld jenseits der Immobilien investiert?

Einen Großteil habe ich in festverzinsliche Anlagen investiert. Das hat sich damals noch gelohnt, ich erinnere mich an Festgeld für fünf Jahre für 5 % Zinsen. Das fand ich okay. Zum Teil habe ich mir auch Fonds aufschwatzen lassen. Das war nie wirklich erfolgreich. Da ich aber wusste, ich brauche das Geld wieder in drei oder fünf Jahren, habe ich eher die Festgeldvariante gewählt und dann getilgt. Bei dem letzten großen Kredit hat dann auch noch mein Vater geholfen, der bei einem Aktiendeal viel Geld erwirtschaftet hatte und der schönen Meinung war, lieber Geld mit warmen Händen weiter zu reichen. Mit seinen

80.000 € und meinem eigenen Geld war dann tatsächlich der letzte größere Kredit vor etwa vier Jahren abgezahlt. Damit waren die Mieteinnahmen meine und ich konnte darüber nachdenken, mein Leben neu zu gestalten.

Beneidenswert und herzlichen Glückwunsch, Monika. Ich will das Stichwort Neid gleich mal aufgreifen. Beneiden Dich viele Menschen?

Na ja, offen zeigen es wenige. Aber es wissen auch nicht so viele. Nur wenige wissen es im Detail. Andere wissen wohl, dass wir Rücklagen haben müssen. Man bekommt mit, dass ich nur gelegentlich arbeite und mein Mann so gut wie gar nicht. Aber in Deutschland ist es ja ein unglaubliches Tabu über Geld zu sprechen. Deshalb fragen Menschen selten nach. Manchmal werde ich gefragt, wie wir unsere Altersvorsorge geregelt haben. Je nachdem, wie offen ich gerade unterwegs bin, sage ich dann schon, dass sich im Alter eigentlich nicht viel ändern wird. Es reicht ja jetzt schon. Interessanterweise wird dann selten noch irgendwas nachgefragt. Ich finde das immer spannend, wie gehemmt Menschen beim Thema Geld sind. Als ob es irgendwie unanständig wäre, darüber zu sprechen.

Du hast gerade schon ein bisschen über Dein Leben geredet. Kannst Du das mal im Detail beschreiben? Wie muss man sich Dein finanziell freies Leben vorstellen?

Ich kann Dir da keine dauerhafte Beschreibung geben. Es verändert sich ständig. Vor der finanziellen Freiheit habe ich erst in einem Unternehmen und dann selbständig als Nachhaltigkeitsberaterin gearbeitet. Ja und da habe ich immer noch mit einigen Lieblingskunden zu tun, die immer wieder irgendein Papier, einen Rat oder einen Workshop mit mir wollen. Da ich so gut wie keine Akquise mache, hält sich die Nachfrage in Grenzen. Die bediene ich dann meistens auch. Und in der Dosierung macht mir das Spaß.

Was meinst Du, wieviel Stunden sind das in der Woche, die Du für die Nachhaltigkeitsberatung unterwegs bist?

Also, wenn ich nur zuhause am Schreibtisch arbeite, nicht mehr als etwa zehn Stunden in der Woche. Manchmal auch nur fünf oder gar keine. Wenn ich dann allerdings einen Workshop gebe, dann dauert der ein bis zwei Tage und es kommt die Vorbereitung dazu. Im Durchschnitt kommen Workshops aber nur einmal im Monat vor. Das ist schon okay.

Außerdem gebe ich Yogastunden. Zweimal die Woche abends und einmal vormittags. Genau das Pensum, um auch selbst fit zu bleiben.

Was machst Du mit Deiner restlichen Zeit?

Manchmal habe ich den Eindruck, die verfliegt. Wir machen uns morgens keine Eile. Sitzen lange am Frühstückstisch, um zu reden oder jeder ein Buch zu lesen. Wenn das Wetter gut ist, gehe ich dann gerne in den Garten. Mein Mann hilft mir gerne bei den schweren Arbeiten, sonst ist der Garten aber eindeutig mein Revier. Nachmittags sind oft die Kinder meiner Freundin bei uns. Sie arbeitet länger und ich kümmere mich dann, dass sie ihre Hausaufgaben machen oder bringe die Kleine zum Musikunterricht. Zwischendurch geht auch immer wieder Zeit für unseren Blog Klunkerchen drauf, für den ich wirklich gerne schreibe. Und ich bin auch sonst viel im Internet unterwegs. Besonders die Planung von Reisen kann tierisch zeitaufwendig werden, wenn man diese Zeit hat.

Ein gutes Stichwort: Reisen. Das ist doch immer das Klischee, oder? Finanziell freie Menschen liegen immer am Strand in der Sonne. Ist das bei Dir auch so?

Nein. Aber wir sind schon recht oft weg. Nie länger als vier Wochen. Das liegt an unseren Eltern. Besonders an meiner Schwiegermutter, die über 90 ist. Mein Mann will einfach nicht zu lange von ihr weg sein. Wir sind im Durchschnitt einmal im Jahr größer unterwegs und darüber hinaus dann immer mal noch eine Woche an der Ostsee, oder auch mal in Venedig oder so. Dabei gewöhnen wir uns nur ganz langsam an ein größeres Maß an Luxus. Uns reicht eigentlich ein einfaches Hotel. Nur ganz langsam steigern wir uns in den Hotelsternen. Das ist schon ein interessanter Lernprozess, Luxus im Leben zuzulassen.

Warum ist das schwer? Das muss doch toll sein?

Eigentlich schon. Aber mein Mann und ich haben unser Leben lang ein sehr sparsames Leben gelebt. Daran haben wir uns gewöhnt. Das war okay so, im Gegenteil, das war genau richtig und hat sich gut angefühlt.

Nun wandelt sich etwas. Wir bewegen uns auf ungewohntem Terrain. Auf der einen Seite merken wir, dass wir genug Geld haben, um uns auch ein bisschen Luxus leisten zu können. Auf der anderen Seite wissen wir auch, dass wir im wesentlichen Zeit gegen Geld tauschen und nicht Luxus gegen Geld. Würden wir uns überwiegend für Letzteres entscheiden, müssten wir beide weiterarbeiten, um uns das leisten zu können. Der Hauptfokus liegt auf dem Tausch zwischen Zeit gegen Geld. Wir sind uns derzeit noch nicht ganz sicher, wie viel Luxus wir zulassen können und dennoch ein gutes Gefühl bleibt, dass wir bis zum Alter genug Geld haben. Letztlich müssen wir lernen, eine Balance zu finden, die stimmig ist und uns immer wieder die Erlaubnis geben, dass ein bisschen Luxus jetzt auch okay ist.

Wieso Erlaubnis?

Ich weiß es auch nicht genau. Wahrscheinlich ist es nicht nur die Gewohnheit. Sondern vielleicht die Ideen unserer Eltern oder was auch immer. Ein Bedürfnis nach Sicherheit, welches es nötig macht, immer mehr Geld anzuhäufen. Oder die fehlende Erlaubnis sich Luxus leisten zu dürfen, weil dies unsere Eltern auch nicht konnten. Ich kann es Dir nicht genau sagen.

Liegt es auch an dieser Erlaubnis, dass Auswandern für Euch keine Option ist?

Nein, ich zumindest lebe gerne in Deutschland und habe nicht das Bedürfnis, in ein anderes Land zu ziehen. Es ist ein unglaubliches Privileg, den Winter für eine bestimmte Zeit im Süden verbringen zu dürfen. Aber deshalb möchte ich nicht mein ganzes Leben im Süden verbringen. Zumal ich auch einen knackigen Winter in Deutschland toll finde, ganz zu schweigen von den anderen Jahreszeiten. Außerdem lebe ich in einem Land ja nicht nur wegen des Wetters. Ich mag meine Freunde, meine Familie und letztlich die gewohnte Umgebung. Natürlich spielen wir bei jedem Urlaub den Gedanken durch, an besonders schönen Orten einfach zu bleiben. Bisher ist die Entscheidung immer dagegen ausgefallen. Keine Ahnung, ob sich das jemals ändern wird. Ich glaube nicht. Aber genau wissen tue ich es auch nicht.

Du hast bei dem Thema Reisen gerade von Luxus gesprochen. Gibt es auch noch andere Bereiche in Deinem Leben, bei denen Du tendenziell mehr Geld ausgibst?

Spontan fallen mir keine ein. Doch warte. Im letzten Jahr haben wir unsere Küche neu gemacht. Freunde hatten uns einen kleinen Küchenbauer empfohlen, und bei dem haben wir dann die Küche auch in Auftrag gegeben. Sie war nicht billig, ist aber wunderschön geworden. Jetzt sitze ich schon manchmal in der Küche und freue mich an diesem Luxus. Und wo ich gerade von der Küche rede, wir geben auch recht viel Geld für Biolebensmittel aus. Besonders Fleisch kaufe ich am liebsten in Bio. Wir essen es dann weniger, vielleicht einmal die Woche. Dafür ist es dann aber auch richtig gut. Ansonsten mag ich es eigentlich, sparsam zu sein. Also bei vielen Dingen, die man so kaufen könnte, immer zu fragen, ob ich dieses oder jenes jetzt gerade wirklich brauche. Man hat ja schon so viel!

Lass uns nochmal zurückkommen auf die finanzielle Freiheit. Gab es einen Stichtag, an dem Du finanziell frei warst?

Ja, eigentlich schon. Ich erinnere mich an das Telefonat mit meinem Vater, in dem er mir ankündigte, dass er mir gerne Geld zahlen würde, damit ich meine Kredite tilgen könnte. Ich habe mir nach dem Telefonat meinen Kreditordner aus dem Regal genommen und gerechnet. Mit meinen eigenen Rücklagen würde ich es dann schaffen, einen größeren Kredit komplett zu tilgen. Dann gab es nur noch kleinere und ich wusste, ich werden jeden Monat etwa 1500 € Mieteinnahmen haben. Genug, um davon zu leben.

Ich habe zu diesem Zeitpunkt schon freiberuflich gearbeitet. Aber noch mit der gewissen Hektik unsicherer Freiberufler. Ich habe so ziemlich alles angenommen, auch Aufträge, die mir nicht so viel Spaß bereitet haben. Es hat tatsächlich einige Tage gedauert, bis bei mir ankam, dass ich jetzt nur noch die Sachen machen musste, auf die ich Lust hatte. Zum Teil dauerte es dann noch Monate, bis ich die alten Kunden los war. Ich kann mich noch gut erinnern, wie ein potentieller Kunde mir einen möglichen Auftrag ausführlich geschildert hatte und schwer beleidigt war, als ich einfach ablehnte. Obwohl er mir ein finanziell ausgesprochen großzügiges Angebot gemacht hatte. Aber ich wusste, dass das einzig reizvolle an dem Auftrag die Kohle gewesen wäre. Und solche Aufträge wollte ich einfach nicht mehr annehmen. Trotzdem kam ich mir auch selbst im ersten Augenblick sehr arrogant vor.

Du hast aber nicht gleich Deine ganze Arbeit aufgegeben?

Nein, am Anfang war das gar keine Option. Ich habe einfach nur sehr viel konsequenter geschaut, was Spaß oder Sinn macht. Ich vertrete jetzt nicht so eine Spaßthese, dass immer alles bei der Arbeit Spaß machen muss. Aber Sinn schon! Außerdem war es mir zunächst erstmal unvorstellbar, ohne Erwerbsarbeit mein Leben zu gestalten.

Du sagst zunächst, hat sich da was verändert?

Ja, hat es. Mittlerweile denke ich über Arbeit für Geld immer kritischer nach. Ich kann mir heute viel mehr ein Leben ohne Erwerbsarbeit vorstellen. Das soll nicht heißen, dass ich nicht weiterhin was schaffen möchte. Meine Intelligenz, meine Kreativität und mein Wissen dürfen gerne zum Einsatz kommen. Aber es muss nicht das Tauschmittel Geld sein, für das ich meine Fähigkeiten zur Verfügung stelle. Der Tausch darf sozusagen breiter werden. Ich erlaube mir, mehr Zeit in Aktivitäten zu stecken, die sich nicht wirklich rechnen. Ich gebe beispielsweise abends Yoga-Unterricht für Mädchen aus einer Gesamtschule. Viele haben davon so gut wie kein Geld. Also zahlen sie für eine Yogastunde 50 Cent. Klar, davon könnte ich eigentlich nicht mal den Raum finanzieren. Uns macht es aber allen irrsinnigen Spaß, und warum sollte ich das dann nicht tun. Ich habe viele Jahre in meinem Leben mit der Frage „Rechnet sich das?“ verbracht. Die Frage ist sozusagen in mein eigenes Wertesystem übergegangen. Da neue Werte reinzubringen, das ist gar nicht so einfach. Aber ich erlebe mich auf einem guten Weg.

In diesem Jahr habe ich auch meinen Garten nochmal ganz anders entdeckt. Ich bewirtschafte ihn schon seit 11 Jahren, aber dieses Jahr bin ich es nochmal etwas intensiver angegangen. Die Arbeit hat sich ausgezahlt. Wir konnten seit Mai gemüsetechnisch aus dem Garten leben. Jetzt ist schon Mitte September und ich ernte immer noch Tomaten und Zucchini. Die anderen Sachen sind abgeerntet und wahlweise eingefroren oder eingemacht. Ich weiß, ich spare damit nicht super viel Geld. Aber es ist ein tolles Gefühl, vor dem Abendessen kurz in den Garten zu gehen und das Gemüse frisch zu ernten. Diese Arbeit, die möchte ich gerne noch ausbauen.

Hast Du eine Idee, wo Dein Lebensweg Dich noch hinführt?

Also zwischendurch war ich so erschöpft, dass ich Phasen hatte, in denen ich dachte, ich verbringe mein restliches Leben auf der Couch. Zum einen ist dies inzwischen wieder besser, zum anderen habe ich gelernt, dass eine bestimmte Art der Erschöpfung mit den Wechseljahren einhergehen kann, und auf diesem wechselhaften Weg bin ich eh gerade. Die Erkenntnis, dass es sich hier um temporäre Erscheinungen der Wechseljahre handeln kann, hat mich sehr entspannt. Eine Vision, die mich bis ans Ende meiner Tage auf der Couch sieht, hört sich für mich eher gruselig an. Meine Vision vom Leben ist derzeit eher eine, bei der ich schon weiterhin aktiv bin. Für Geld und ohne, aber immer mit Sinn. Da können auch mal einige Jahre dabei sein, in denen ich kein Geld verdiene und nur von der Substanz lebe.

Wieso von der Substanz? Lebst Du nicht von den Zinseinnahmen?

Ja und nein. Eigentlich hast Du Recht. Die normalen Lebenshaltungskosten werden durch die Miet-, Zins- und Dividendeneinnahmen finanziert. Manchmal bin ich da allerdings nicht so trennscharf. Ich habe beispielsweise Geld in Energieanlagen investiert. Die Rückzahlungen umfassen einen Teil Zinsen und einen Teil Tilgung. Sie kommen aber gemeinsam auf meinem Konto an. Wenn wir es gerade brauchen, geben wir es aus. Wenn was überbleibt, dann investiere ich es wieder. Wenn es aber nicht übrigbleibt, dann habe ich mein Erspartes angegriffen. Was jetzt auch nicht super schlimm ist. Ich könnte meine finanzielle Freiheit ja auch anders definieren. Nicht in Kapitalerträgen sondern im Ausgeben meines Kapitals. Ich habe keine Kinder, also keine direkten Erben. Ich könnte mein Vermögen also auch ausgeben. Trotzdem fühlt es sich besser an, nur die Kapitalerträge auszugeben und nicht das Kapital anzugreifen. Einfach weil ich nicht weiß, wie alt ich werde. Gebe ich mein Geld aus und werde dann doch älter, wird es beispielsweise schwer mit 95 nochmal neues Geld zu verdienen. Von daher versuche ich schon, möglichst selten an meinen Kapitalstock zu gehen und bemühe mich, Verluste durch Arbeitseinkünfte wieder auszugleichen. Aktuell fällt mir das ja noch nicht so schwer.

Das kann ich gut nachvollziehen, dass dies Angst macht. In diesem hohen Alter sucht man sich dann ja nicht mehr irgendeinen Job.

Ja, das macht mir tatsächlich auch ein bisschen Angst. Ich möchte nicht mit 95 in einem schlecht finanzierten Pflegeheim sitzen müssen und mich daran erinnern, dass ich mit 50 doch gut noch ein paar Jährchen hätte arbeiten können, um jetzt nicht in einer so misslichen Situation zu sein. Ich tröste mich dann schon auch noch mit ein paar Rentenverträgen, die lebenslang zahlen. Mit ihnen müsste es schon funktionieren.

Wir befriedigen mit unserem Leben ja immer irgendwelche Grundwerte. Welche meinst Du, sind die vordringlichen Grundwerte, die bei Dir bedient werden?

Ich glaube, der gewünschte und bewusst entschiedene Wert ist Freiheit. Ich fand es schon immer abschreckend, irgendwo angestellt meine Zeit gegen Geld zu verkaufen. Eine ganze Zeitlang habe ich das gemacht, aber so richtig super fand ich das nicht. Deshalb auch der Plan, möglichst schnell finanziell frei zu sein. Ein weiterer Wert, den ich gar nicht so toll finde, der mich aber unbewusst sicherlich auch antreibt, ist das Streben nach Sicherheit. Da würde ich mir manchmal mehr Leichtigkeit wünschen. Aber mein eigener

Sicherheitsmanager wacht da doch sehr über mich. Das ist dann auch die Angst, es könnte am Ende nicht reichen. Ich habe schon zig Excel-Tabellen gebaut und rauf und runter gerechnet. In Zeiten von inneren Unsicherheiten muss ich die dann öffnen und den Zinssatz ein bisschen nach unten oder oben verschieben.

Hattest Du auf dem Weg zur finanziellen Freiheit größere Probleme und Hindernisse?

Das hört sich jetzt blöd an, aber eigentlich nicht. Klar hatte ich mal Ärger mit meinen Mietimmobilien, und bei den anderen Investitionen habe ich Fehler gemacht. Dabei habe ich bei meinem größten Problem, einer Mietnomadin, die ein Jahr keine Miete gezahlt hat, meine beste Lektion gelernt.

Wieso das?

Nun, sie hat ein Jahr in meiner Wohnung gelebt und ich habe sie natürlich regelmäßig brieflich und besonders telefonisch an die ausstehenden Mietzahlungen erinnert. Sie hat mich dann immer vertröstet und die Zahlung für die nächsten Tage angekündigt. Ich habe dann fast manisch mein Online-Konto besucht, es war leider nie Geld von ihr da. Am Anfang konnte ich deswegen schlecht schlafen und war echt blöd drauf. Und dann habe ich irgendwann gelernt, dass es hier nur um eine Geldanlage geht. Ich wusste, dass ich die laufenden Kredite mit den anderen Mieteinnahmen halbwegs bezahlen konnte, ihre Miete lief faktisch schon in die Rücklage. Die fehlende Miete bedeutete also keinerlei Verlust meines Lebenskomforts, sondern war nur eine Delle in meinen Kapitaleinkünften. Mit dieser Sichtweise, der Trennung von persönlichem Konflikt und einem Verlust bei einer Geldanlage bin ich in der darauffolgenden Zeit viel besser gefahren. Die Lektion war also sehr gut, wenn auch nicht gerade billig.

Wie verwaltest und investierst Du Dein Vermögen?

Der Großteil meines Vermögens liegt in Immobilien, fast 80 % würde ich schätzen. Ich weiß, ein Klumpenrisiko. Deshalb habe ich ja auch die erste Wohnung verkauft. Dann habe ich Aktien und ETFs, die ich selber ausgewählt habe und bei denen ich mich noch als Lernende bezeichnen würde. Bei Bettervest, Green City und noch ein paar anderen Firmen habe ich in nachrangige Darlehen investiert, ich stecke gerne Geld in Dinge, die die Welt in eine positive Richtung verändern.

Wieviel Arbeit steckst Du in Deine Vermögensverwaltung?

Nun, das variiert sehr. Bei den Immobilien hängt es davon ab, ob jemand was von mir will. Wenn alles gut geht, dann gehe ich einmal im Jahr zur Eigentümerversammlung und reiche die Nebenkostenabrechnung von der Hausverwaltung an die Mieter weiter. Dann kann es bei den Immobilien immer mal zu einem Sonderaufwand kommen. Beispielsweise wenn ein Mieterwechsel ansteht oder irgendwelche Reparaturen gemacht werden müssen. Am anstrengendsten finde ich Streitigkeiten mit den Mietern. Das kommt manchmal bei den Nebenkostenabrechnungen vor. Zumal da eigentlich die Hausverwaltung intransparent arbeitet, ich aber immer als Mittlerin dazwischen hänge.

Für meine Aktien und ETFs schaue ich schon jeden Tag mein Depot an. Auch gerne mehrmals. Dabei tendiere ich dazu, die meisten Werte zu halten. Langfristig. Lange Zeit habe ich dann auch meine Stopp-Loss-Order auslaufen lassen. Das habe ich jetzt wiedereingeführt. Nach dem Brexit habe ich alle Kurse mit einem niedrigeren Stopp-Loss-Kurs ausgestattet. Das würde zwar zum Teil einen knapp dreistelligen Verlust bedeuten, aber ich möchte bei Einzelaktien auch nicht beliebig in den Keller rutschen. Wenn der Aktienmarkt sich weiter nach oben bewegt, muss ich die SL Werte dann wieder anpassen.

Bei Darlehen muss ich mir die Unterlagen genau anschauen, bevor ich mich für einen Abschluss entscheide. Danach kommen die Zinsen. Wenn mal ein Darlehen ausfällt, kann ich mir nur ärgern – korrigieren kann ich auf dem Weg des Absturzes nichts. Ich finde, der wesentliche Unterschied zu Aktien. Insgesamt muss ich aber sagen, dass ich das bisher nur ganz ganz selten und mit relativ kleinen Beträgen erleben musste.

Macht Dir die Vermögensverwaltung Spaß?

Ja, eigentlich schon. Also zumindest wenn es gut läuft. Aber auch das Abwägen, für was ich jetzt gerade Geld ausgebe, finde ich interessant. Ich kann mich auch stundenlang mit meinen Excel-Tabellen beschäftigen, die Rendite, die jährlichen Kapitaleinnahmen und ähnliches berechnen.

Was würdest Du Menschen mitgeben, die das Ziel finanzielle Freiheit anstreben?

Zur Erreichung des Ziels ist der Ratschlag einfach: Sparen und das Geld sinnvoll investieren. In Bezug auf das Ziel genau zu schauen, ob man es wirklich erreichen will.

Dann finde ich es auch wichtig, sich ein bisschen Gedanken darüber zu machen, wie der eigene „Vorruhestand“ aussehen soll. Wenn ich mit Menschen über finanzielle Freiheit rede, kommen da immer sehr schön urlaubsnahe Vorstellungen zu Tage. „Au ja, nie wieder arbeiten, ich lebe auf einer Insel und kann auch sonst tolle Reisen machen. Stimmt, so kann man das machen.“ Auf einer Insel leben und am Strand kühle Getränke genießen. Das macht vier Wochen lang sicherlich super Spaß. Aber vier Monate? Vier Jahre? Oder noch länger? Für viele ist das dann doch nicht die passende Variante. Die wird bei jedem Menschen anders sein. Sie ist definitiv anders als der Lebensstil vieler Menschen. Die Struktur eines angestellten Lebens fällt weg. Auch Selbständige und Unternehmer haben in der Regel mehr Struktur. Finanziell freie Menschen müssen den Tag selbst strukturieren. Jeden Morgen, wenn ich aufstehe, darf und muss ich mir überlegen, was ich heute machen will. Und wie ich meinem Leben Sinn gebe. Natürlich kann ich erst ausgiebig in sozialen Netzwerken surfen, dann ein Computerspiel spielen, um dann auf der Couch ein gutes Buch zu lesen. Das ist toll, wenn man sich ausruhen will. Das ist nach drei Tagen langweilig und nach fünf Tagen furchtbar. Finde zumindest ich. Ich brauche sinnvolle Aufgaben. Für viele ist bei der normalen Arbeit schon die Gehaltszahlung sinnstiftend. Ist es bei mir nicht mehr. Also brauche ich andere Erfolgsmeldungen. Ist es ein gutes Interview mit Dir? Sind es die Klicks oder die Kommentare, die wir bei Klunkerchen erhalten? Ich will nur deutlich machen, dass wir in unserer Gesellschaft sehr orientiert sind, Leistung für Geld zu bringen. Wenn dieses Anerkennungsmoment wegfällt, müssen wir uns auf eine neue Suche begeben. Dabei sind wir ziemlich alleine. Denn die meisten anderen Menschen halten unsere Herausforderungen für echte Luxusprobleme. Ich höre mir das Jammern über die Arbeit an, Montags mehr. Freitags weniger. Auch die Tatsache, oder soll ich besser Wahrnehmung sagen, dass das Geld laufend knapp ist, höre ich mir an. Meine Freunde dürfen ein bisschen neidisch sein, dass ich von vielen Reisen berichte. Und je entfernter sie sind, desto mehr dürfen sie mich als aktive Nachhaltigkeitsberaterin wahrnehmen. Das schafft Zugehörigkeit, ich arbeite ja schließlich auch. Dass ich dazu diese Woche nur am Mittwoch einen zweistündigen Termin habe, verschweige ich dann halt. Und damit komme ich zum nächsten Punkt, den man vielleicht auch anders lösen kann. Aber er ist, glaube ich, ein Thema für finanziell freie Menschen. Man führt eine Art Doppelleben. Wenn ich neue Menschen kennenlerne, dann kommt unweigerlich die Frage nach dem Beruf. Was soll ich sagen? Ich lebe von meinem Vermögen? Ich bin Privatier? Ich mach nix? Die wenigen Male, die ich das gemacht habe, hat es sich nicht gut angefühlt. Man weckt kein Interesse, sondern eher Ratlosigkeit. Mein Gegenüber scheint große Schwierigkeiten zu bekommen, mich einzuordnen. Es gibt keine Schublade für finanziell freie Menschen. Es ist definitiv normaler zu sagen, ich bin Nachhaltigkeitsberaterin. Da gibt es spannende Nachfragen, ich kann dazu ja auch viel sagen. Nur die Tatsache, dass ich im Augenblick kaum noch Kunden habe, verschweige ich. Ich verschweige auch, dass ich blogge und Bücher zum Thema Finanzielle Freiheit schreibe. Ja, dass ich eine zweite Identität habe. Würde es sich nicht so blöd anfühlen, hätte ich sie ja auch nicht.

Das hört sich ja fast wie eine Warnung vor der finanziellen Freiheit an. Sollen Menschen jetzt eher aufhören, an der finanziellen Freiheit zu arbeiten?

Nein, so war das nicht gemeint. Vielleicht ist es eher so eine Reaktion auf die vielen neidischen Bemerkungen. Es kann jeder weiterhin an seiner finanziellen Freiheit arbeiten. Zumal nichts endgültig ist. Finanziell freie Menschen können sich jederzeit wieder finanziell abhängig machen. Sie müssen einfach nur den eigenen Lebensstandard gründlich hochschrauben. Dann brauchen sie wieder mehr Geld, und schon besteht die Notwendigkeit, sich in die Reihen der Erwerbstätigen einzureihen.

Und für Dich selber, bist Du froh, dass Du die finanzielle Freiheit erreicht hast oder denkst Du auch manchmal darüber nach, Dich wieder in das allgemeine Erwerbsleben einzureihen?

Aber ja, ich bin sehr gerne finanziell frei und begreife dies jeden Tag wieder als neuen Luxus. Es ist anders und über diese Andersartigkeit muss man sich bewusstwerden. Oder man erlebt sie einfach. Aber die zeitlichen Freiheiten sind ein echtes Geschenk. Dennoch erlebe ich immer wieder emotionale Achterbahnen, die sich sehr frei und ausgiebig ausbreiten. Weder habe ich die Beschränkung von zeitlichen Ressourcen noch die Einschränkung meiner Gedanken aufgrund von „Sachzwängen". Und da geht es dann ab. Manchmal in ganz dunkle Regionen und oft auch in wunderbare Vorstellungen. Beides ist drin und beides ist für mich auch okay. Ich finde, gerade wenn ich mich mit negativen Gedanken und Blockaden beschäftige, lerne ich bei der Suche nach einem Ausweg unglaublich viel. Und ich gehe auch davon aus, dass wir die alle haben. Ich habe den Luxus, sie mir in aller Ruhe anschauen zu dürfen und relativ frei Lösungen finden zu können. Die müssen dann nicht für die Ewigkeit sein, manchmal erweisen sie sich sogar als Irrweg. Ich kann dann aber einfach zurückgehen. Zum klassischen angestellten Erwerbsleben zieht es mich manchmal sogar auch hin. Ich habe die meiste Zeit gerne gearbeitet und manchmal lese ich schon auch sehnsuchtsvoll eine Stellenanzeige. Allerdings gibt es immer ausreichend viele Rahmenbedingungen von Zeit über Pendelstrecke etc., die mich von einer Bewerbung abhalten. Meine Zeit und meine Freiheit sind mir dann doch eben wichtiger.

Christian - reich mit Immobilien

Christian ist Anfang 30, hat drei Kinder und lebt mit seiner Frau und Familie in der Nähe von München. Er hat es geschafft, sich ein ansehnliches Grundeinkommen zu schaffen und nutzt dieses, um in einer selbstgewählten Elternzeit seine kleinen Kinder intensiv zu erleben. Er betreibt zudem eine Internetseite, auf der er seine Investments und Erfahrungen teilt: www.dasrenditeprojekt.de

Christian, wie bist Du auf die Idee gekommen, dass ein Leben ohne Arbeit oder mit passivem Einkommen für Dich interessant sein könnte?

Der Gedanke hat sich über Jahre mehr und mehr herauskristallisiert. Insbesondere als wir die kleine Paula bekommen hatten, das war 2011, habe ich gemerkt, dass ich stärker ins Familienleben integriert sein und viel mehr mitbekommen möchte. Und der Tausch, im Verzicht auf Geld mehr Freizeit zu bekommen, ging für uns logischerweise nur mit einem Grundstock an passivem Einkommen auf. Denn Unsummen anzusparen und dieses Vermögen dann zu verbrauchen war mit zwei durchschnittlichen Einkünften, ab dem ersten Nachwuchs mit sogar nur noch einem Einkommen, nicht möglich.

Du hast relativ zügig sehr viele Eigentumswohnungen gekauft. Warum gerade diese Investments?

Ganz banal gesagt: mir schien diese Art der Investition am einfachsten und sinnvollsten. In einen Wert zu investieren, bei dem die wichtigen Parameter überschaubar sind, den ich „sehen und fühlen" kann und über dessen Entwicklung ich in einem gewissen Rahmen auch eine gewisse Kontrolle habe. So haben meine Frau Sylvia und ich 2010 zuerst in eine eigengenutzte Wohnung in München investiert und ca. zwei Jahre später angefangen, auch in vermietete Wohnungen zu investieren. Und je mehr sich dieser Weg für uns als der richtige herausstellte, desto konsequenter sind wir ihn auch weitergegangen. Als wir schließlich 2013 unsere erste Wohnung gewinnbringend und auch steuerfrei verkaufen konnten, war dies auch nochmal ein Katalysator für das ganze Unterfangen. Und mittlerweile sind es nun doch schon 32 Wohneinheiten. Für uns selbst kaum zu glauben.

Hattest Du Vorbilder?

Da brauche ich nicht lange zu überlegen, es gab auch nur eine Person: Robert Kiyosaki. Sein Buch „Rich Dad, Poor Dad" habe ich 2010 gelesen und ich fand es wahnsinnig spannend, sich mit Immobilien Vermögenswerte und passive Einnahmen zu schaffen. Wenn auch nicht alles dort Beschriebene auf den deutschen Markt anwendbar ist, bspw. die steuerlichen Aspekte, so reichte die Lektüre in jedem Fall dafür, die Zweifel an solchen Investments zu verringern und ein gewisses positives, unternehmerisches Denken zu vermitteln. Mittlerweile gibt es auch in Deutschland einige Immobilien-Unternehmer mit eigenen Büchern, Seminaren etc., weshalb ich denke, dass ein Einstieg in die Materie mittlerweile noch einfacher sein dürfte.

Nun bist Du von Beruf Polizist und hast Dir eine befristete Auszeit gegönnt. Hast Du weitere Pläne, Deine Mieteinkünfte zu nutzen oder planst Du bis zur Pension als Polizist tätig zu sein?

Ich habe gerade erst wieder für ein Jahr eine weitere Auszeit beantragt. Und dann immer noch die Möglichkeit, weitere Auszeiten dran zu hängen. Ich habe die letzten Monate festgestellt, dass mir das Polizistendasein bislang noch keine Sekunde gefehlt hat. Und das, obwohl viele schöne Jahre dabei waren und es vom beruflichen Vorankommen äußerst schnell ging. Aber jeder Tag hat nur 24 Stunden und die verbringe ich aktuell einfach unheimlich gerne mit der Familie, meinen Hobbies und der Beschäftigung mit Immobilien. Teilzeit wäre hier in der Zukunft vielleicht eine schöne Lösung, aber auch gar nicht zurückzukehren ist ein mögliches Szenario. „Schaun mer mal", wie der Beckenbauer zu sagen pflegt.

Seid Ihr als Familie bereits finanziell frei oder musst Du oder Deine Frau Geld dazuverdienen?

Finanzielle Freiheit hängt ja im größten Maße auch von den eigenen Ansprüchen ab. Ich kenne Haushalte mit monatlichen fünfstelligen Einnahmen, aber vor lauter Konsum und einem gewissen Lebenswandel bleibt trotzdem nichts übrig. Bei uns belaufen sich die passiven Einnahmen momentan auf über 2.000 Euro im Monat, Darlehen und Rücklagen schon mit einberechnet. Gerade haben wir auch noch ein Mehrfamilienhaus in Leipzig erworben. Das benötigt noch ein bisschen Arbeit, aber danach wird sich der monatlich Cashflow unter Berücksichtigung von Darlehen, Steuer und Instandhaltung nochmals um ca. 500 Euro netto erhöhen. Das Familienauto steht dazu bezahlt in der Garage, die Kreditrate für unser Haus, das nicht in München, sondern in Landshut steht, ist überschaubar, dazu noch knapp

600 Euro Kindergeld – das ist ein Grundstock mit dem wir ganz gut leben können. Stiegen natürlich die Ansprüche, beispielsweise zu fünft lieber jedes Jahr 3 Wochen New York, als 2 Wochen Urlaub am Strand in Italien, würde die Rechnung rein von den passiven Einnahmen nicht mehr aufgehen. So wie es gerade ist, passt es aber für uns wunderbar und durch meine Nebentätigkeit mit meinem „Immobilien-Netzwerk" kommen ab und an auch noch weitere Einnahmen herein. Und vor kurzem kam unser drittes Kind zur Welt, so dass in dieser Elternzeit auch Elterngeld wieder eine Option ist.

Was macht Ihr mit Eurer Zeit, wenn diese nicht für Arbeit draufgeht?

Wie ich gerade schon hab anklingen lassen, beschäftige ich mich nicht nur privat mit Immobilien, sondern habe in den letzten Jahren auch bereits um die 30 Leute zur ersten Immobilie und darüber hinaus begleitet. Eine Sache, die mir unheimlich Spaß macht. Ich habe auch schon für Privatleute und Finanzvertriebe Immobilien-Schulungen gehalten und mittlerweile, nach ein paar Artikeln über mich, trudeln auch Anfragen für größere Schulungen und Seminare bei mir ein. Auch etwas, was mir durchaus sehr Spaß machen würde. Aber das muss sich mit der Zeit zeigen, ob und wie sich das darstellen ließe. Ich will ja nicht aus dem einen Full-Time-Job raus und dafür in einen anderen wieder hinein. Ansonsten sammle ich alte Luxus-Uhren, die sich auch als hervorragendes Investment herausstellen können. Und ich versuche – das ist wieder das Wichtigste und der Hauptantrieb – viel Zeit mit meiner Frau und den Kindern zu verbringen. Wenn ich am Montagmorgen auf unserer Frühstücksterrasse sitze, wenn die meisten anderen im Stau im Berufsverkehr stehen, und gemütlich eine Tasse Espresso trinke, weiß ich wieder, warum wir den Immobilien so dankbar sind.

Hast Du Sorge, dass Du Dich irgendwann nicht mehr für bezahlte, angestellte Arbeit motivieren kannst, weil der Motivator Geld nicht mehr so zieht?

Die Wahrscheinlichkeit ist sehr groß, dass das passieren kann, wenn es nicht schon passiert ist. Rein des Geldes wegen wieder Polizist zu sein, wird wahrscheinlich nicht mehr nötig sein. Ich habe letztes Jahr auch den möglichen Aufstieg in eine höhere Laufbahnebene abgelehnt. Zwei Jahre studieren und ausgeklinkt von Familie und den eigenen Unternehmungen zu sein, für ein bisschen bessere Bezahlung und einen Dienstgrad, der mir nicht viel bedeutet, waren keine verlockende Option. Ich habe aber bei dem ganzen keine „Sorge“, da meine Frau und ich viele andere Interessen haben, bspw. in den verschiedensten Formen Ernährung, Tier- und Umweltschutz, Nachhaltigkeit, Persönlichkeitsbildung,

Reisen etc. Gerade haben ein Freund und Geschäftspartner von mir und ich ein Start-Up gegründet: www.moneyproof.eu, um den steigenden Falschgeldzahlen entgegen zu wirken. Hier ist mein Hintergrundwissen aus dem Polizistendasein natürlich förderlich gewesen. Die Motivation, denke ich, wird mir nicht ausgehen bzw. wird sich immer wieder neu entfachen lassen. Wir leben ja in einer Zeit, in der man nicht in dem Beruf in Rente gehen „muss", mit dem alles angefangen hat.

Woran erkennt Dein engeres Umfeld, dass Du irgendwie anders lebt?

Es gab eine Zeit, da bin ich ab und an mit dem Porsche zur Arbeit gefahren und hatte noch eine Rolex am Arm... von daher war anfangs von Irritation über Unverständnis bis Neid viel vertreten. Das war zu einem Zeitpunkt, als ich bereits für erfolgreiche Leute viel Anerkennung aufbringen konnte und bereit war, auch erfolgreich zu werden. Auto und Uhr waren meine Belohnung für mich, dass wir einiges richtiggemacht hatten. Den Neid und die negative Energie hatte ich da erstmal gar nicht auf dem Schirm. Gab und gibt mir persönlich auch nichts, da habe ich den Porsche dann auch gerne wieder gegen die U-Bahn getauscht. Bei meinen Eltern war es einfach die Angst vor unserem finanziellen Fiasko. Auch nicht einfach, aber als Sorge durchaus nachvollziehbar. Mittlerweile finden sie es toll, was wir auf die Beine gestellt haben.

Mit wem redest Du über Deine finanzielle Freiheit?

Mittlerweile wissen die meisten Menschen in meinem Umfeld Bescheid und treffen sich auch gerne zum Austausch mit mir. Und das sind oftmals ganz wunderbare Gespräche. Dazu haben sich auch noch etliche Leute über Social-Media bei mir gemeldet und bei den anschließenden Gesprächen ist oftmals sehr viel Wissen in beide Richtungen geflossen. So durfte ich Fachwissen in Bereichen lernen, bei denen ich sonst wenig bis gar keine Ahnung hatte, oder – und das ist der tollste Fall – wenn auch ähnliche Ansichten in Bezug auf Moral und Ethik vorhanden sind, der Austausch darüber. Gewinnmaximierung über alles wäre beispielsweise nie eine Option für mich. Wir reizen die Mieten nicht aufs Äußerste aus oder, anderes Thema, auf oder gegen Nahrungsmittel und Tiere bzw. deren Preis zu wetten, sind für mich absolut nicht in Ordnung und vertretbar.

Damit bist Du unter meinen Gesprächspartnern einer der ganz wenigen Menschen, die sich offen zu Ihrem Reichtum bekennen. Ich höre oft, dass dann die Sorge besteht, andere Menschen (nah und fern) würden anfangen, etwas abhaben zu wollen. Ist das bei Euch auch so?

Als monetären Reichtum würde ich es nicht bezeichnen. Uns geht es finanziell gut, die Tendenz geht auch weiterhin nach oben, aber von dem was uns im Monat an Totalzahlen übrigbleibt, ist es nicht luxuriös. Wir müssen dafür nicht arbeiten und können mittlerweile ganz gut mit unserem Geld umgehen, das ist, denke ich, der Unterschied. Bei uns wollte bislang auch noch nie jemand etwas von unserem Geld abhaben. Höchstens einen guten Rat und der ist kostenfrei.

Nochmal zurück zu Deinen Wohnungen: Verwaltest Du die Wohnungen selber oder macht das eine professionelle Verwaltung für Dich?

Als wir unsere beiden Mehrfamilienhäuser mit 18 Wohnungen und 13 Garagen in einer Kleinstadt in Thüringen 2013 kauften, habe ich bereits im Vorfeld alle Hausverwalter in der Umgebung angeschrieben und schließlich auch einen beauftragt, sich um Häuser wie Wohnungen zu kümmern. Sowohl aufgrund der Entfernung, ca. 400 km, als auch aufgrund des ganzen Apparats mit Aufgaben und Fachwissen wären wir dem Investment nicht gewachsen gewesen. Bei den einzelnen Wohnungen in München und Nürnberg sieht es anders aus. Hier ist der Aufwand äußerst gering und die Entfernung nicht weit, so, dass wir uns um die Belange unserer Wohnungen und Mieter meist noch selbst kümmern. Für das 2017 neu hinzu gekommene Mehrfamilienhaus in Leipzig werden wir mittelfristig wohl auch wieder eine Hausverwaltung einsetzen.

Ist es bei diesen Investments zu irgendwelchen Fehlern oder Überraschungen gekommen, die Du anderen ersparen könntest, in dem Du sie hier verrätst?

Einzelne Wohnungen sind überschaubar und wenn es eine Hausverwaltung gibt und man sich die Protokolle und Abrechnungen der letzten Jahre zeigen lässt, erkennt man relativ schnell, auf was man sich einlässt oder vielleicht auch besser nicht einlässt. Kauft man aber ein ganzes Mehrfamilienhaus von einem einzelnen Investor, ohne Hausverwaltung und Protokolle, ohne Instandhaltungsrücklage, kauft man sich auch eine gehörige Portion Risiko mit ein. Wie in unserem Fall mit den 18 Wohnungen verteilt auf die zwei Häuser in Thüringen konnte ich, obwohl ich mehrmals vor Ort war, nicht alle Wohnungen in Augenschein nehmen und auch nicht alle Mieter kennenlernen. Und da kam es definitiv zu Überraschungen. Nazi-Mieter, nicht zahlende Mieter, kaputte Wohnungen, nötige Reparaturen... es hat drei Jahre gedauert, bis die beiden Häuser und Mieter auf einem jetzt guten Level sind. Hier waren wir wahrscheinlich eine Spur zu blauäugig. Gut nur, dass die Rendite sehr hoch war und ist und dadurch einiges aufgefangen werden konnte.

Von daher: Gier frisst Hirn, und im Zweifelsfall lieber das Geld für einen Gutachter ausgeben, als hinterher das Investment nicht mehr korrigieren zu können. Als erste Immobilie empfehle ich daher ganz klar eine einzelne Eigentumswohnung, die man auch als Anfänger mit Hirn und Verstand richtig prüfen kann.

Wie sieht Deine zukünftige Anlagestrategie aus?

Da wir bei den Immobilien wissen, wie es funktioniert, werden wir diesen mit Sicherheit treu bleiben. Ich denke auch nicht, dass ich die Suche zeitnah ganz einstellen werde. Aber auch Vintage-Uhren werden mich weiter als Investment begleiten. Aktien und Unternehmensbeteiligung sollen noch ein Sektor werden, in den wir investieren wollen, aber hier sammle ich nach wie vor Informationen. Frei nach Warren Buffett: „Investiere nur in das, was Du verstehst". Selbst ohne weitere Investments würde unser vorhandenes Vermögen wachsen. Auch den Cashflow könnten wir sofort erhöhen: Die Mieten unserer Münchner Wohnungen könnten wir teilweise bereits seit fast zwei Jahren um 15 % anheben. Ist aber gerade kein Thema, da wir beispielsweise mit der einen Mieterin sehr zufrieden sind. Und in ca. 5 Jahren sollten wir allein mit dem Verkauf von 1-2 Münchner Wohnungen mindestens eine halbe Million Euro an steuerfreiem Gewinn realisieren können. Geld mit dem wir andere Immobilien ablösen oder das wir eben wieder neu investieren könnten. Aber das wird sich noch zeigen. Optionen gibt es also.

Wie ist das in Eurer Partnerschaft? Wer trifft die Entscheidungen über Investments und wer hält die Sorgen aus, wenn was nicht gut geht?

Es läuft etwas anders. Ich bin auf jeden Fall die treibende Kraft und versuche alles auszuarbeiten und auszuleuchten, jedoch hat meine Frau Veto-Recht. Wenn ich ihr die Immobilie nicht „verkaufen" kann, dann investieren wir auch nicht. Die Investments in Immobilien hat sie folglich unterstützt und steht auch bei allen zur Hälfte im Grundbuch. Selbe Chance, selbes Risiko. Falls etwas nicht läuft, dann bin ich aber meist allein der, der sich die Sorgen macht. Meine Frau vertraut darauf, dass sich eine Lösung finden lässt. Die Ruhe hätte ich in solchen Phasen natürlich auch gerne!

Was bedeutet für Dich Reichtum? Und gibt es nicht den Gedanken bei Dir, Du könnest doch noch länger oder mehr arbeiten und Dir damit dann ein viel luxuriöseres Leben leisten?

Mittlerweile bedeutet Reichtum für mich, dass meine Familie und ich gesund und glücklich sind. Da ist der finanzielle Aspekt natürlich ein Teil davon, keine Frage. Ohne Geld kein großes Haus mit großem Garten, kein schönes Familienauto, kein gesundes Essen, keine Urlaube. Das alles zu haben reicht aber als Grundlage für ein glückliches und „reiches" Leben völlig aus. Natürlich könnten wir auch beide wieder in Hauptjobs arbeiten, noch etwas auf die Beine stellen und weitaus mehr Einkommen generieren. Aber wofür? Konsum befriedigt vielleicht kurz, macht aber nicht glücklich. Das vielleicht noch als Anmerkung: als wir 2013 unsere Münchner Wohnung verkauft hatten, haben wir auch mal in nicht allzu langer Zeit einen sechsstelligen Betrag unters Volk gebracht. Stichwort: Porsche, Rolex etc. Deshalb weiß ich, dass das für uns mal ganz nett war, mehr und langfristig erfüllend war es aber nicht.

Das ist spannend. Ihr habt Euch also mal so richtig im Konsum ausgetobt?

Mir wurde lange Zeit immer wieder erklärt, dass ich – insbesondere mit meinem Beamtenjob – nie reich sein könnte, mir kein teures Auto, keine teure Uhr, keine teuren Urlaube leisten könnte. Das wollte ich so nicht stehen lassen. Hier ist es wichtig, sich nicht irgendwann auch selbst zu sagen „Das kann ich mir nicht leisten.", sondern immer die Frage zu stellen „Wie kann ich es mir leisten?". Und um mir selbst zu zeigen, dass wir „es" können, kam der Porsche in die Garage und die Rolex ans Handgelenk.

Und warum habt Ihr Euren „Konsumrausch" wieder eingestellt?

Konsumgüter verlieren mit der Zeit ihren Reiz. Ich habe mich nach einem Vierteljahr natürlich immer noch darüber gefreut, in einem Porsche rumfahren zu können. Aber der Reiz, die Aufgeregtheit der ersten zwei, drei Wochen war weg. Man gewöhnt sich an alles, im Guten wie im Schlechten. Dass das richtig rüberkommt: ich bin immer noch Autofan, der Blick in unsere Garage würde das bestätigen, und ich sammle immer noch hochwertige Uhren, was ein großes Hobby geworden ist und weil mir die Community gefällt. Aber persönliches Glück, innere Zufriedenheit kann man sich über Konsumgüter nicht holen. Deshalb muss ja nicht selten das nächste Auto noch schneller – teurer - besser, das Haus noch größer und der Geldbeutel noch dicker sein. Wer aber diesen Weg einschlägt, wird nie ankommen, da es immer noch weiterginge und diese Leute fragen sich irgendwann, warum sie trotz lauter „Reichtum“ nicht glücklich sind. Konsumgüter sollten wenn, dann eine schöne Ergänzung der eigenen Situation sein. Dann, denke ich, ist das eine runde Sache.

Was bedeutet Geld für Dich allgemein? Was ermöglicht es für Dich und Euch konkret?

Ganz einfach: Geld ermöglicht uns Unabhängigkeit und freie, selbstbestimmte Zeit.

Die Südseefrage kann ich mir auch nicht verkneifen. Für viele steht bei der finanziellen Freiheit ausgiebiges Reisen oder gar das Auswandern ganz oben auf der Hitliste. Wie ist das für Dich? Gibt es eine Zukunftsvision am Strand?

2013 waren wir schon an einer Wohnung am Meer im Osten Mallorcas dran. Jedoch hatte ich etwas zu viel gepokert und ein anderer hat dann den Zuschlag bekommen. Ganz auswandern ist aber nicht so das Thema, aber ein Zweitwohnsitz in der Wärme am Meer, nicht weit entfernt, kann durchaus die nächsten Jahre passieren. Ganz neu verhandelt über dieses Thema wird vielleicht nochmal, wenn die Kinder aus dem Haus sind...

Was waren für Dich die größten Probleme und Hindernisse auf dem Weg zum passiven Einkommen? Wie hast Du sie überwunden?

Erst einmal eine Investmentmöglichkeit finden, die nicht erst in 40 Jahren so etwas wie Gewinn oder Rendite abwirft und die wir auch verstehen. Dann vielleicht noch mit einem großen Hebel, dass sich auch wirklich spürbar etwas tut. Denn, seien wir mal ehrlich: mit einem 100-Euro-Monatssparer kommt man nicht weit. Sich jedoch bei einer Bank 200.000 Euro für 2 % zu leihen und für 6 % in einer Immobilie anzulegen, kann schon ordentlich etwas bewirken. Nicht nur, dass gleich am Anfang ein positiver Cashflow zustande kommt. Im Hintergrund wird ein Vermögenswert (passiv) abbezahlt, und wenn man den richtigen Standort gewählt hat, wird dieser Vermögenswert noch größer. Außer den Problemen bei der Suche nach dem richtigen Objekt waren die negativen Stimmen aus unserem Umfeld ein gehöriger Nerv-Faktor, den es zu überwinden galt.

Und was würdest Du sagen, sind die wichtigsten Vorteile an Deinem jetzt freieren Leben?

Ganz klar die freie Zeit und die freie Zeiteinteilung. Und auch nicht nur für die Familie, sondern auch für mich selbst. Mittlerweile komme ich sehr gut mit mir selbst aus und genieße die Zeit, wenn ich in Ruhe ein Buch lesen oder durch eine Stadt spazieren kann. Zeit, die mir für mich mit festem Job und Familie fehlen würde.

Wenn Dich jemand nach einem Rat fragt, warum man die finanzielle Freiheit anstreben sollte und wie man es am besten schafft, was würdet Du ihm oder ihr raten?

Suche Dir eine Investitionsart, die Dir behagt und orientiere Dich an jemandem, der damit erfolgreich ist.

Lars und seine neuen Leidenschaften in der finanziellen Freiheit

Lars ist 45 Jahre alt und lebt in Berlin. Er betreibt den Blog Finanziell umdenken und hat auch schon Bücher zu diesem Thema geschrieben. Seit zwei Jahren ist er finanziell frei.

Lars, wie bist Du zum Thema Finanzen und finanzielle Freiheit gekommen?

Das ging 2004 los. Bis zu diesem Zeitpunkt war ich so im ganz normalen Arbeitstrott drin. Ich habe als leitender Angestellter im Schichtdienst gearbeitet, es kam Geld rein und ich habe es wieder ausgegeben. In den Jahren davor habe ich auch immer mal wieder Schulden gemacht. Da war sicherlich ein Moment ausschlaggebend, als ich am Geldautomaten stand und einfach kein Geld bekommen habe. Das war für mich eine Art Aufwecker, ich habe gedacht, so kann das nicht weitergehen.

2004 habe ich dann im Netz ein Investitionsspiel gespielt. Man konnte Geld in alle möglichen Produkte (Aktien, aber auch Sportwetten und viel mehr) investieren und hat dann entsprechend Geld dazuverdient oder eben auch weniger. Ich habe bei diesem Spiel einiges gelernt. Nach einem Jahr gab es das Spiel nicht mehr, bei mir blieb das Wissen, und so bin ich auch zur Börse gekommen. Ich hab dann erstmal mit schrägem Kleinhandel angefangen, also erstmal drei Aktien gekauft oder auch Fonds. Ohne die Gebühren im Blick zu haben.

Dann habe ich mir meine Ausgaben Schritt für Schritt angeschaut. Erst habe ich aufgehört zu rauchen, später habe ich mein Auto abgeschafft. Bei beiden Punkten wusste ich, dass hier einiges an Geld reinging. Und in Berlin braucht man nun wirklich kein Auto, das Rauchen muss ich gar nicht erst kommentieren, oder? Im nächsten Schritt habe ich angefangen zu investieren, zunächst in Aktienfonds. Damit habe ich mich aber nicht wohlgefühlt, es sollte irgendwie schneller gehen. Eine Stufe weiter ging es, als ich das Prinzip von passivem Einkommen entdeckt habe. Unter anderem mit Büchern von Kyosaki, Bodo Schäfer und anderen. Ich habe also mehr Geld in Dividenden-ETFs und Einzelaktien gesteckt. Langsam ging es immer mehr voran. Entsprechend bin ich dabeigeblieben. Irgendwann war mein Vermögen sechsstellig, dann ging es immer schneller.

Meine Erfahrungen habe ich 2011 in einem Buch „Aufwachen und finanziell umdenken" veröffentlicht und dann fortlaufend in meinem gleichnamigen Blog Finanziell-umdenken.info geteilt. Durch die Buchverkäufe und Werbung auf der Internetseite kam dann nochmal Geld dazu, wenn das auch seine Weile gedauert hat. Aber diese passiven Einkünfte nahmen dann doch Fahrt auf. Dass, was ich dann so an Geld pro Monat übrighatte, da würden sich andere freuen, wenn sie das an Gehalt hätten.

2012 habe ich gemerkt, dass meine passiven Einkünfte schon 50 % meiner Ausgaben gedeckt haben. Das hat mich unglaublich motiviert. Ich habe noch mehr gespart und viel Energie in meinen Blog gesteckt. Und so wurde es immer mehr. Es beschleunigt sich wie beim Schneeballeffekt.

Wieviel Ausgaben galt es damals zu decken?

Ich hatte damals etwa Kosten von 1.500 bis 2.000 € monatlich. Wer immer das wissen will, ist erstaunt, wie wenig das ist. Die meisten Menschen denken, wenn man sagt, dass man finanziell frei ist, man hätte richtig viel Geld zur Verfügung. So 5.000 € oder so. Aber das muss ja gar nicht sein. Man kann ja auch mit wenig Geld gut leben.

Wann hast Du gemerkt, dass Du finanziell frei bist und wie hast Du darauf reagiert?

Ich habe dies eher als Zwischenschritt wahrgenommen. Das war auch eher fließend, weil ich diese Entwicklung ganz gut vorhersehen konnte. Irgendwann war klar, jetzt decken meine passiven Einkünfte meine Ausgaben, mein Gehalt ist on top. Was natürlich toll für

Investments ist, ich habe in dieser Zeit mein Depot nochmal gründlich aufgestockt. Verändert habe ich aber erstmal nichts.

Was hat denn dann den Ausschlag gegeben, Deine Stelle zu kündigen?

Na ja, das war auch ein Prozess. Ich habe eigentlich ganz gerne gearbeitet. Da ich als Führungskraft tätig war, war Teilzeit keine Option. Obwohl ich mit dem Gedanken zuerst gespielt habe, aber je mehr ich darüber nachgedacht habe, ist auch der Gedanke gereift, ich hätte zumindest die Möglichkeit dazu, auch ganz aufhören und mich ganz meinen Projekten widmen.

Dann kamen einige Sachen zusammen. Ich war zeitweilig krank und einige Rahmenbedingungen in der Firma hatten sich verschlechtert. Mit der Krankheit hätte ich natürlich als Angestellter auch anders umgehen können. Krankschreiben wäre eine Option gewesen. Aber ich habe am Heilungseffekt gezweifelt, weil ich mir nicht ausreichend Zeit gegeben hätte, ohne immer das schlechte Gewissen zu haben, dass die Anderen gerade für mich mitarbeiten müssen und gleichzeitig sicher auch viel liegenbleibt. So habe ich dann Anfang 2015 die Entscheidung gefällt, zu kündigen. Mir war der saubere Schnitt wichtiger als rumzueiern. Obwohl der Schritt natürlich wirklich schwierig war, zumal ich gut verdient hatte.

Meine erste freie Zeit fiel dann auf das Frühjahr, und ich habe die ersten Monate tatsächlich wenig gemacht. Ich habe ein bisschen für meinen Blog geschrieben, bin Fahrrad gefahren und habe mich ausgiebig und in aller Ruhe von meiner Krankheit erholt.

Nach drei Monaten war es gut mit dem Müßiggang. Ich habe mich ein bisschen wie in einem Vakuum gefühlt. Vorher hatte ich immer viel Kontakt mit meinen Kollegen, dies war jetzt alles nicht mehr. Mein Leben hatte sich sehr verändert. Ich brauchte neue Herausforderungen, sonst würde ich unzufrieden werden. Obwohl doch alles gut war, ich genug Geld hatte.

Ich habe dann nochmal ein Buch geschrieben, diesmal mit dem Schwerpunkt auf Aktien. Es war eine schwere Geburt, weil es doch viel länger gedauert hat, als ich dachte. „Wohlstand durch Aktien“ wurde dann ein weiterer Meilenstein in meinem Beitrag zur finanziellen Bildung.

Dein Beitrag zur finanziellen Bildung? Warum ist es Dir wichtig, Dein Wissen weiterzugeben?

Das ist mir super wichtig. Ich finde, es wissen viel zu wenige Menschen, wie unser Finanzsystem funktioniert und wie sie da mitspielen können. Alle haben Angst davor, aber nur wenige wissen, wie es geht. Stattdessen strampeln sie alle munter in ihrem Hamsterrad und meckern, wenn wieder Montag ist. Ich möchte daran gerne was ändern, das weckt sehr viel Leidenschaft in mir.

Weil man damit gut Geld verdienen kann oder warum?

Natürlich will ich damit auch Geld verdienen, aber das ist nicht die Hauptmotivation. Ich möchte einfach Wissen in die Welt tragen und freue mich dabei schon riesig, wenn ich selber viel dazulerne. Finanzbildung in die Welt zu tragen, treibt mich sehr an. Ich glaube, dass das einfach viele Menschen brauchen.

Im Herbst 2015 wurde dazu bei mir auch nochmal ein extra Schalter umgelegt. Ich hatte damals ein Motivationsseminar „No-Limits" von Marc M. Galal besucht und verstanden, wie sehr wir uns mit unseren eigenen Glaubenssätzen selbst limitieren. Das war ein richtiger Durchbruch für mich. Der Gedanke, dass man alles machen kann und es keine wirklichen Begrenzungen gibt. Da habe ich dann auch angefangen, meine Notfallgedanken an eine neue feste Stelle loszulassen.

Nach dem Seminar habe ich angefangen, Lehrvideos fürs Internet zu erstellen. Hätte ich mir vorher nie vorstellen können, dass ich sowas mal machen würde. Ich hatte am Anfang auch keine Ahnung, wie das geht. Das herauszufinden, war toll. So gibt es immer wieder neue Entdeckungen und ich erlebe für mich, da es so gut wie keine Begrenzungen mehr gibt, was ich noch alles machen und lernen und weitergeben kann.

Im weiteren Verlauf habe ich zwei Online-Kurse, einen zum Geldwissen allgemein und einen zum Aufbau eines Aktiendepots, konzipiert und verkauft. Dabei gebe ich meine Erfahrungen wieder, die vorher einige von mir auch persönlich wissen wollten, wie man sein Depot aufbaut. Das war erst so als Finanzcoach, dann als Onlinekurs, und dann habe ich mir Schritt für Schritt erlaubt, nicht nur leise von meiner Finanzakademie zu träumen, sondern diese wirklich aktiv anzugehen.

Was sind Deine Pläne für die Finanz-Akademie?

Ich möchte mit einer Online-Akademie ganz viel Finanzwissen bündeln. Im November 2016 ging die Akademie an den Start, in der es Bildungsangebote gibt zum Thema Grundlage, wie Ausgabenkontrolle, Mind-Set, Aktien, passives Einkommen, außerbörsliches Investieren, Immobilien und Verkaufen. Außerdem lasse ich mir von Experten immer wieder neues Wissen liefern, damit das Wissen möglichst breit ist.

Dein Tag als finanziell freier Mensch, der eigentlich nicht mehr arbeiten muss, hört sich eher voll an. Ist das so?

Ja, im Augenblick arbeite ich locker 8 bis 12 Stunden am Tag. Auch schon mal am Wochenende. Zumindest gerade, während ich die Finanz-Akademie aufsetze. Ich betrachte es bloß nicht als Arbeit. Alles was ich da mache, ist super spannend und bringt mich auch selbst voran. Ich könnte es auch Hobby nennen. Solange ich noch angestellt gearbeitet habe, habe ich diese Arbeiten abends und am Wochenende gemacht. Da habe ich sie ganz selbstverständlich als Hobby wahrgenommen. Jetzt mache ich sie halt den ganzen Tag. Damals in der Doppelbelastung habe ich allerdings schon gemerkt, dass ich das nicht ewig durchhalte.

Wobei es von den Einkommensströmen keinen wirklichen Unterschied macht, ob ich eine Woche arbeite oder nicht. Sie fließen einfach. Ich muss meine Aktivitäten immer wieder anstupsen, aber im Grunde macht es kurzfristig keinen Unterschied. Ich werde eben nicht Tag für Tag für meine Zeit bezahlt, sondern meine Aktivitäten und Investments rechnen sich langfristig und zu einem Großteil automatisch.

Entsprechend kann ich mir den Luxus erlauben und manchmal gar nicht arbeiten. Bei mir richtet sich das sehr nach dem Wetter. Dieses Jahr hatten wir einen sehr schönen Spätsommer. Ich bin spontan im August und September gleich dreimal an die Ostsee gefahren. Einfach weil die Sonne schien und ich Lust dazu hatte. Das geht dann eben auch. Im anschließend regnerischen Oktober konnte ich mich dann wieder gut in meine Arbeit vertiefen.

Du könntest das mit dem Wetter ja verbessern, in dem Du ein anderes Land wählen würdest. Ist das eine Option für Dich?

Grundsätzlich lebe ich gerne in Deutschland, deshalb ist Auswandern kein so ansprechender Gedanke für mich. Ich mag auch kein schwül-warmes Wetter, deshalb würde mich Thailand oder andere asiatische Länder gar nicht reizen. Ich könnte mir vorstellen, mal ein paar Wochen oder Monate auf den Kanaren oder in Südspanien zu überwintern. Das probiere ich vielleicht mal aus. Obwohl ich knackig kalte Winter in Berlin auch toll finde.

Wenn die Finanzakademie läuft, kann ich mir vorstellen, mal einige Wochen Urlaub zu machen. Aber danach wird es wieder weitergehen.

Du hast ja jetzt – trotz finanzieller Freiheit – noch ziemlich viele Pläne, die auch immer wieder Geld reinbringen werden. Und wenn ich es richtig verstehe, auch keine Kinder. Gibt es da für Dich den Gedankengang, ab diesem oder jenem Punkt ist es genug?

Nein. Ich möchte das nicht begrenzen. Im Gegenteil. Ich möchte am liebsten bis zum Schluss an meinen Projekten arbeiten können. Es gibt kein Geldziel, ich werde es halt entsprechend sammeln. Weil ich nicht aufhören will. Sicherlich werde ich in Zukunft Geld verteilen. Einfach schauen, wie ich auch an anderer Stelle noch Gutes tun kann.

Ich bin fasziniert von Deiner Motivation. Was treibt Dich da so an?

Eindeutig der Lerneffekt. Diese Entdeckung von neuen Dingen und Wissen. Das ist wie bei einer Leiter. Du lernst was und kannst wieder eine Stufe hochsteigen. Dann schaust Du Dich um und entdeckst von dieser höheren Stufe wieder neue Optionen. Und so geht es immer weiter nach oben. Man erreicht immer wieder eine höhere Ebene. Über diesen Weg lernt man auch immer wieder spannende Menschen kennen, und diesen Austausch finde ich sehr inspirierend.

Und wenn Geld als Anerkennung nicht mehr so wirkt, was dann?

Da ist das Feedback von meinen Lesern und Kunden. Ich glaube, wenn ich das nicht hätte, dann wären meine Online-Angebote schwierig. Dann würde sich das leer anfühlen. Aber so bekomme ich viel Feedback. Positives wie auch mal kritisches. Letzteres ist schon auch okay, damit kann ich mich nochmal weiterentwickeln. Wenn irgendwas nicht passt, kann ich darüber nachdenken, ob ich es ändern kann.

Würdest Du Deine Arbeit auch machen, wenn Du dafür kein Geld bekommen würdest?

Nein, im Augenblick noch nicht. Vielleicht später mal, wenn Geld im Überfluss da ist. Oder heute schon, wenn beispielsweise eine Schule mein Wissen würde nutzen wollen. Allerdings scheint es da großes Misstrauen bei den Lehrern zu geben, weil sie mit ihrem Stoff durcheinanderkommen.

Gibt es irgendwelche Luxusausgaben, die Du gerne heute oder in der Zukunft würdest tätigen wollen?

Ich kaufe mir auch jetzt schon alles, was mir wichtig ist. Und in den letzten Monaten führe ich auch keine Ausgabenkontrolle mehr. War mir irgendwie zu anstrengend, ich glaube, es ist in jedem Fall genug da. Das ist sicherlich nicht vorbildlich. Letztes Jahr war das auch noch komplett anders. Da habe ich genau auf meine Ausgaben geachtet, weil ich dachte, dass es vielleicht nicht reichen könnte, und weil ich unbedingt einen Überblick haben wollte. Allerdings glaube ich, dass mein heutiger Umgang einfach lockerer ist und damit viel mehr Lebensqualität bietet. Nur sparsam zu sein und damit dann seine finanzielle Freiheit zu realisieren, erscheint mir schon auch ein bisschen arm. Wobei ich jetzt auch nicht jeden Abend essen gehen muss, das ist mir nicht wichtig. Aber dreimal an die Ostsee, das ist ein schöner Luxus, den ich mir gerne gönne.

Dieses Jahr habe ich einiges in Bildungsprodukte gesteckt und dabei nicht besonders darauf geachtet, wie teuer die sind. Wenn ich das Gefühl hatte, dieses Wissen kann ich noch brauchen, habe ich sie gekauft. Ein weiterer Luxus, den ich mir jetzt schon leiste, sind zwei Wohnungen. Eine nutze ich privat, in der anderen ist mein Büro. Natürlich würde auch beides in einer Wohnung Platz finden, aber ich mag diese Trennung sehr.

Irgendwelche Konsumträume für die Zukunft habe ich nicht. Das liegt aber vielleicht auch daran, dass ich sie heute schon umsetzen könnte, von daher gibt es gar keinen Anlass Energie in solche Träume zu stecken.

Wie sieht das mit Deinen Freunden aus? Wie reagieren sie auf Dein Leben?

Als ich gekündigt habe, haben mich viele nicht verstanden. Umso mehr sind sie zum Teil erstaunt, dass ich immer noch keinen neuen Job habe. Manche verstehen auch, dass ich selbstständig bin und damit mein Geld verdiene. Dass ich das eigentlich nicht mehr muss, interessiert die wenigsten. Manche reagieren mit Neid, wenn ich beispielsweise laufend an die Ostsee fahre. Und dann auch noch bei Facebook Bilder reinstelle.

Nur ganz, ganz wenige interessieren sich wirklich dafür, was ich mache. Ich trage mein Wissen auch nicht vor mir her und versuche bei jedem Treffen andere für meinen Lebensstil zu gewinnen. Mit einigen kann ich auch immer weniger anfangen. Wenn am Sonntagabend gejammert wird, dass bald Montag ist, dann komme ich da heute nicht mehr mit. Ich gebe ja zu, ich war früher auch so. Aber heute freue ich mich auf die Montage oder der Wochentag macht einfach keinen Unterschied. Leute, die mich die letzten beiden Jahre nicht erlebt haben, wären wahrscheinlich sehr erstaunt, wie sehr ich mich verändert habe. Ich denke heute schon sehr anders. Dafür habe ich viele spannende neue Kontakte in den letzten beiden Jahren gemacht. Mit Menschen, die auch die finanzielle Freiheit anstreben oder schon erreicht haben. Diesen Austausch schätze ich sehr. Ich habe in den letzten zwei Jahren bewusst den Kontakt zu anderen Selbstständigen und auch reichen Menschen gesucht.

Lass uns nochmal zurück zu Deinen Investments kommen. In was hast Du bisher Geld investiert?

Im Wesentlichen in Aktien, Immobilien-REITs, ETFs und Anleihen.

Warum nicht in echte Immobilien?

Das hätte ich erst ab 2013 oder so tun können, weil ich da genug Geld gehabt hätte. Oder vielleicht habe ich erst seitdem immer mal wieder geschaut. Und das Gefühl gehabt, dass es da gerade nichts Vernünftiges gibt, weil der Markt aktuell viel zu teuer ist. Ich bin überzeugt, dass auch Immobilien in einem Art Zyklus bewertet werden und im Augenblick sind wir weit oben. Der Zyklus ist deutlich langsamer als der bei Aktien, dennoch werden sich auch Immobilien wieder nach unten bewegen. Wenn man 10 bis 12 Jahre zurückschaut, da wurden einem in Berlin Immobilien zu sehr günstigen Preisen angeboten. Da warte ich jetzt mal ganz entspannt ab. Ausschließen will ich diese Form des Investments für mich aber nicht.

Gibt es Momente der Unsicherheit, in denen Du denkst, Dein Weg könnte vielleicht doch nicht richtig sein?

Nicht mehr. Am Anfang war ich schon unsicher. Mittlerweile habe ich so viele Ideen, ich möchte gerne noch mein eigenes Business aufbauen. Da ist eine große Sicherheit, dass ich damit auch nochmal Geld verdienen werde, also noch mehr draufkommt. Wenn das mit der ersten Businessidee nicht klappt, dann starte ich eben eine zweite. Da hat dieses Seminar bei mir ganz viel verändert, danach habe ich auch noch mal viel mehr an mir und meinen gedanklichen Beschränkungen gearbeitet.

Hast Du auch Fehler gemacht, aus denen andere lernen könnten?

Klar habe ich auch viele Fehler gemacht, wobei viele eher nicht besonders gravierend waren und zu meinem Lernprozess dazugehörten. Wenn ich rückblickend einen großen Fehler gemacht habe, dann, dass ich nicht schon 10 bis 15 Jahre früher angefangen habe, systematisch auf die finanzielle Unabhängigkeit hinzuarbeiten. Aber das sagt sich so einfach, denn man muss erst vorbereitet sein und ausreichend viel gelernt haben, um Chancen zu erkennen und auch zu nutzen. Geduld spielt auf dem Weg zur finanziellen Unabhängigkeit auch eine sehr wichtige Rolle.

Alex - frei durch Dividenden

Alex ist 40 Jahre alt, hat eine kleine Tochter und lebt mit seiner Familie im Süden von München. Alexander kündigte 2014 seinen Festangestellten-Job bei einer Bausparkasse. Diesen Schritt konnte er wagen, da er sich bereits nebenher ein selbstständiges Einkommen aufgebaut hatte.

Alex, wie bist Du auf die Idee gekommen, dass ein Leben mit passivem Einkommen für Dich interessant sein könnte?

Den Gedanken, nicht mehr meine Zeit gegen Geld einzutauschen, hatte ich schon sehr früh. Seit meiner Ausbildung und auch danach in meinem ersten Job, merkte ich schnell, dass ich dieses Leben nicht bis zur Rente so fortführen kann. Weder vom Geist her noch von gesundheitlichen Aspekten, machte für mich ein solches Arbeitsleben Sinn. Leider fehlte es mir damals an Ideen und praktikablen Lösungen.

Wie hast Du Dein Vermögen aufgebaut? Was hat für Dich genau für diesen Weg und keinen anderen gesprochen?

Rückblickend kann ich sagen, dass es sehr förderlich war, dass wir uns frühzeitig weitere Einkommensquellen geschaffen und die Erträge daraus nicht zum Leben gebraucht haben. Dabei hat meine Frau eifrig mitgemacht, unsere Ideen haben sich von Anfang an Hand in Hand entwickelt. Unser Ziel war es immer, eine Sparquote von über 50 % zu erreichen. So konnten wir gerade zu Beginn unseres Vermögensaufbaus sehr viel Kapital ansparen.

Wann hast Du erkannt, dass Du finanziell frei bist und wie hast Du darauf reagiert?

Den einen Moment, an dem die finanzielle Freiheit erreicht wurde, gab es praktisch nicht. Vielmehr war dies ein jahrelanger Prozess, auf den wir hingearbeitet haben. Immer mit dem Ziel, mehr Erträge zu erwirtschaften, als wir für unseren normalen Lebensalltag benötigten. Auch wenn man in der Theorie weiß, wie viel Kapital und Erträge einem zur Verfügung stehen müssen, so ist ein Wechsel von einem aktiven Arbeitsleben hin zu einem passiven und finanziell freien Leben, gar nicht so einfach. Aus diesem Grund haben wir einfach weitergemacht und wollten uns mehr Sicherheit verschaffen. In Form von mehr Kapital und höheren Erträgen.

Wie so oft im Leben, passieren dann aber meist unvorhersehbare Dinge, und man muss seine Pläne umwerfen. So erging es uns dann auch. Nach der Geburt unserer Tochter im Jahr 2011 zeigte mein Arbeitgeber sein wahres Gesicht. Themen, wie Elternzeit, Teilzeit oder auch einfach nur Verständnis und Unterstützung, waren hier fremd. Daher zeichnete es sich sehr früh ab, dass sich bei mir berufliche Veränderungen ergeben werden. Unser neues Ziel war es nun, in den kommenden Monaten so viel „Ertrag" wie möglich herauszuholen. Das klingt jetzt vielleicht ein wenig egoistisch. Im Grunde habe ich mich als Mitarbeiter genau so verhalten wie es Konzerne üblicherweise gegenüber ihren Mitarbeitern tun, wenn sie nicht mehr gebraucht werden. Es dauerte dann noch bis ins Jahr 2014, bis mein ehemaliger (schwäbischer und erbsenzählender) Arbeitgeber endlich bereit war „wechselwilligen Mitarbeitern" mit Abfindungen unter die Arme zu greifen. Für mich war die Abfindung praktisch ein Bonus, den ich im Vorfeld steuerlich perfekt optimieren und direkt an den Kapitalmarkt bringen konnte. Da ich in den letzten 18 Monaten praktisch nur noch sehr selten bei meinem Arbeitgeber auftauchte, hatte ich viel Zeit, meine Projekte und bisherigen Einkommensquellen zu optimieren und neue Potentiale zu heben. Denn mit dem Ausstieg aus dem aktiven Berufsleben, begann ein neuer Abschnitt mit sehr viel Zeit.

Was kam dann? Hast Du ganz aufgehört, zu arbeiten?

Das Wort Arbeit verknüpfe ich mit unselbständigen Tätigkeiten, die man für Dritte tut. Im Gegenzug bekommt man für seine zur Verfügung gestellte Zeit ein vorher definiertes Gehalt. Sowas gibt es in meinem Leben nicht mehr. Vielmehr konzentriere ich mich auf meine zahlreichen Projekte. Ich treibe sie voran, probiere Neues aus und achte darauf, mich hauptsächlich um die ertragsstärksten Projekte zu kümmern.

Nach welchen Kriterien startest Du neue Projekte? Orientierst Du Dich an einer monetären Gewinnerwartung bzw. Gewinnchance oder sind es andere Motive, die Dich zum Start neuer Projekte bewegen?

Mittlerweile starte ich eher weniger neue Projekte und konzentriere mich auf den Ausbau bestehender Projekte. Mein Ziel ist es, mich irgendwann nur noch um ganz wenige Projekte kümmern zu müssen. Die Auslagerung von Aufgaben und eine hohe Ertragskraft bringen mir gleichzeitig mehr Zeit, um mein Leben zu genießen.

Du bist recht erfolgreich mit Dividendenaktien. Ich nehme an, dass diese Dividenden einen ordentlichen Anteil Deiner passiven Einkünfte ausmachen. Reinvestierst Du die Erträge oder verwendest Du diese fürs Leben?

Unsere Kapitalerträge nehmen mittlerweile einen hohen Anteil unserer Gesamterträge ein und werden weiterhin reinvestiert.

Ist es bei Deinen Investments zu irgendwelchen Fehlern oder Überraschungen gekommen, die Du anderen ersparen könntest, in dem Du sie hier verrätst?

Auch wenn ich erst 40 Jahre alt bin, so habe auch ich schon zahlreiche Fehler gemacht. Sei es bei meinen Projekten oder auch bei meinen Kapitalanlagen. Themenübergreifend gibt es einen Punkt, bei dem ich mir gewünscht hätte, ihn frühzeitig zu berücksichtigen. Es geht um die Unabhängigkeit. Gerade beim Thema Geld vertraut man oft Dritten sein Kapital an. Sei es bei Versicherungsfragen, bei der Geldanlage oder einfach nur, weil man Angestellter ist. Auch ich bin, mit Beginn meiner Ausbildung, zu einem der vielen Millionen Lemminge geworden. An mir haben sich einige Berater sicherlich eine goldene Nase verdient. Wer wirklich finanziell frei werden möchte, der muss die Unabhängigkeit anstreben. Wer abhängig von jemandem oder etwas ist, der kann im Grunde nur schwer bis gar nicht eine gewisse Art der Freiheit erreichen.

Wie sieht Deine zukünftige Anlagestrategie aus? Bleibst Du den Dividendenaktien treu oder planst bzw. hast Du auch schon andere Investitionen? Wie viel soll Dein Vermögen noch wachsen?

Die Höhe meines Vermögens spielt für mich nur eine untergeordnete Rolle. In erster Linie geht es mir um meine Erträge. Dazu ein kurzes Beispiel. Ein Buchautor könnte finanziell frei sein, ohne auch nur einen Euro an Vermögen zu besitzen. Wenn seine Bücher ihm monatlich mehr Ertrag bringen als er zum Leben braucht, ist er finanziell frei.

Mein Gesamtkapital wächst kontinuierlich mit einem langfristigen Anlagehorizont. Der Grund ist einfach. Ich verlasse mich auf das, was ich kann und probiere keine neuen Anlageideen aus. Im Grunde ist meine Anlagestrategie sehr langweilig. Mittels System und Struktur weiß ich, wann und in welche Unternehmen ich investieren muss. Dafür habe ich mir den Dividenden-Alarm geschaffen. Da die Zeiten, in denen ich aktiv werden muss, nicht allzu häufig vorkommen, verbringe ich auch nicht viel Zeit mit dem Kapitalmarkt in Verbindung mit meinen Depots. Grundsätzlich beobachte ich den Kapitalmarkt regelmäßig, einfach um thematisch am Ball zu bleiben und auch, weil meine Projekte damit zu tun haben.

Die meisten Anleger, mit denen ich in Kontakt komme, gehen hier aber ganz andere Wege. Sie haben meist keine wirkliche Strategie, verwenden kein System, haben keine Anlagebedingungen, keine Investmentkriterien, handeln meist stets und ständig oder nach Ideen von Dritten. Denen kommt dann meine Anlagestrategie sicherlich wie ein Dornröschenschlaf vor. Wer finanziell frei werden will, sollte daher frühzeitig eine erfolgreiche Anlagestrategie gefunden haben und diese kontinuierlich anwenden und nur noch optimieren.

Woran erkennt Dein engeres Umfeld, dass Du irgendwie anders lebst?

Für die meisten bin ich eine „Hausfrau". ;-) Sie wissen oft auch nur Fragmente von dem was ich tue. Das liegt zum einen daran, dass ich in vielen unterschiedlichen Themen unterwegs bin und zum anderen gehe ich damit nicht haussieren. Für Menschen, die in ihrem Alltag und ihrem 9-5 Job stecken, ist es oft auch schwierig, mit Themen aus einer anderen Welt konfrontiert zu werden. Dabei bin ich gern bereit Fragen zu beantworten und Einblicke zu geben. Leider liegt es oft daran, dass eben kein wirkliches Interesse besteht, hier tiefer in die Thematik einzusteigen. Einfach auch, weil der eigene Alltag es dank Stress und Zeitnot nicht hergibt.

Mit wem redest Du über Deine finanzielle Freiheit?

Wozu sollte ich mit jemandem über meine finanzielle Freiheit reden? Ich gehe auf niemanden zu und erzähle ihm, dass ich finanziell frei bin. Auch zwei finanziell freie Menschen, haben andere Themen über die sie reden, als über die Tatsache an sich.

Die finanzielle Freiheit ist praktisch nur ein Zustand, den man erreicht hat, in dem man sich über gewisse Themen keine oder nur wenig Gedanken machen muss. Im Grunde wie das Thema Gesundheit. Da spricht man ja auch nicht mit anderen darüber, wie gesund man ist. Erst wenn man erkrankt, wird es zum Gesprächsthema. Die finanzielle Freiheit führt dazu, dass man Zeit gewinnt um sich anderen Themen zu widmen und darüber auch zu reden. Themen, für die man in seinem Alltag und in einem abhängigen Leben wenig Zeit aufbringen kann. Wie zum Beispiel Ideen, Reisen, Hobbys und andere Dinge, um sich selbst zu verwirklichen.

Wie ist das in Eurer Partnerschaft? Wer trifft die Entscheidungen über Investments und wer hält die Sorgen aus, wenn was nicht gut geht?

Ohne, dass wir festgelegt haben, wer bei welchen Themen federführend Entscheidungen trifft und das letzte Wort hat, läuft es bei uns ziemlich harmonisch. Grundsätzlich wissen wir beide bei allen Themen Bescheid, aber es gibt immer jemanden von uns, der bei einem Thema vorrangig den Hut aufhat.

Was bedeutet für Dich Reichtum? Und gibt es den Gedanken bei Dir, Du könnest doch noch länger oder mehr arbeiten und Dir damit dann ein viel luxuriöseres Leben leisten?

Reichtum und Luxus definiert jeder anders. Für mich ist es zum Beispiel Luxus, seit meinem 37. Lebensjahr nicht mehr im aktiven Hamsterrad zu stecken. Andere definieren Luxus mit materiellen Dingen. Das interessiert uns nicht. Dafür müssten wir in der Tat vielleicht doch wieder aktiv arbeiten gehen und uns noch mehr anstrengen. Aber um was zu erreichen?

Für uns ist daher Reichtum etwas, was man nicht sehen oder anfassen kann. Es ist die Zeit die wir bekommen, um Dinge tun zu können, zu denen wir Lust haben. Je früher wir diesen Zeitpunkt erreichen, desto eher sind wir reich.

Da fällt mir ein gutes Beispiel ein, welches ich in vielen Variationen immer wieder höre. Es gibt Menschen, die wollen viel Geld ansparen, damit sie im Alter das Leben genießen können. Reisen, Sport, Oldtimer und was weiß ich alles. In der Theorie sind sie durchgeplant. Die Praxis kommt nur meist anders. Ich kenne ein älteres Ehepaar aus unserem Dorf, die jahrelang selbstständig waren. Sie wollten bis zur Rente arbeiten und haben bis dahin auf vieles verzichtet. Sie haben wirklich viel Geld auf die Seite gepackt und wollten auf große Reise gehen. Finanziell könnten sie heute sicherlich dauerhaft auf Kreuzfahrt gehen, behaupte ich jetzt mal. Es kam leider anders, als sie sich erhofft hatten. Sie starteten auf ihre erste Asien-Rundreise, die sie sich schon seit vielen Jahren und Jahrzehnten gewünscht hatten. Sie kamen wieder zurück und wussten, das war ihre erste und letzte Fernreise. Ihre von der Arbeit gebeutelten Körper haben es einfach nicht mehr geschafft. Das Geld war nie das Problem, die Reise war für sie aber eine Qual. Sie waren schlicht zu alt für ihren Traum. So sind sie dann ein paar Jahre noch innerhalb Europas verreist. Als dann aus gesundheitlichen Gründen auch keine Flugreisen mehr möglich waren, zerplatzte ein Traum. Solche Geschichten höre ich immer wieder.

Was will man also mit Reichtum, viel Geld und luxuriösen Dingen, wenn man sie nicht erlebt? Ist es nicht einfach nur Zeit, die wir brauchen und ein gesundes Leben? Wenn dann noch normale finanzielle Mittel zur Verfügung stehen, ohne dass man aktiv arbeiten gehen muss, hat man doch praktisch alles was man braucht.

Was bedeutet Geld für Dich allgemein?

Geld an sich hat keine Bedeutung. Viel wichtiger ist das Zusammenspiel zwischen Einkünften und Ausgaben, wenn die richtige Seite gewinnt.

Die Südseefrage möchte ich natürlich auch gerne stellen. Gibt es eine Zukunftsvision am Strand?

Da wir viel und gern reisen, haben wir auch in diesem Fall Ideen für unsere Zukunft. Unser Ziel ist es, in 2-3 Jahren auf Reisen zu gehen. Es wird kein langer Urlaub und keine Weltreise. Vielmehr wollen wir in der Welt leben. Dort wo es uns gefällt und so lange es uns gefällt. Wir werden hier in Deutschland alles aufgeben und uns auf die Suche nach einem neuen Domizil begeben.

Was waren für Dich die größten Probleme und Hindernisse auf dem Weg zum passiven Einkommen?

Ich würde es jetzt nicht als Problem bezeichnen, aber es hat schon eine gewisse Zeit gedauert, herauszufinden, wie bestimmte passiven Einkünfte generiert werden können. Auch das Verhältnis von Aufwand und Ertrag lernt man erst mit der Zeit kennen und schätzen. Je nach Einkommensquelle gibt es dann noch ganz spezifische Probleme, die auf einen zukommen.

Die größten Probleme aus heutiger Sicht liegen eher vor mir als hinter mir. Denn in der Vergangenheit konnte ich alle Probleme lösen. Leider weiß ich nicht, welche neuen Probleme auf mich zukommen und wie ich diese lösen werden. Allein schon die Tatsache, wie schwer es Kapitalanlegern in Deutschland gemacht wird, und wie viel Bürokratie es überall zu bewältigen gibt, treibt uns förmlich raus in die weite Welt.

Und was würdest Du sagen, sind die wichtigsten Vorteile an Deinem jetzt freieren Leben?

Die finanzielle Freiheit bringt einem auch Freiheit für den Kopf. Freie Gedanken und freier Platz, wo früher Sorgen und Probleme hafteten. Man atmet praktisch mit dem gesamten Körper und nicht nur durch eine kleine enge Öffnung. Durch mein auf Mobilität konzentriertes Leben, kann ich mein freies Leben dort platzieren, wo ich es für richtig erachte.

Wenn Dich jemand nach einem Rat fragt, warum man die finanzielle Freiheit anstreben sollte und wie man es am besten schafft, was würdet Du ihm oder ihr raten?

Wenn mich jemand fragt, warum man die finanzielle Freiheit anstreben sollte, dann gehe ich davon aus, dass der Sinn dahinter nicht verstanden wurde. Vielleicht hat derjenige auch einfach keine Fantasie, keine Träume, keine Ideen und keinen Antrieb.

Grundsätzlich erreicht man die finanzielle Freiheit und damit eine allgemeine Unabhängigkeit, indem man heute mehr tut, als es für das normale Leben reichen würde. Maximiere Deine Einkünfte und reduziere Deine Ausgaben. Strebe eine Sparquote von über 50 % an.

Dass dies nicht einfach von heute auf morgen geht ist klar. Aber sich Schritt für Schritt an die Sache herantasten, sollte zumindest eine Option sein.

Wer das Thema wirklich angehen will und sein finanzielles Leben auf eine solide Basis stellen will, dem kann ich meine 25-Tage Challenge empfehlen. Mit meinem E-Books zeige ich, wie man einen Geldkreislauf startet und Schritt für Schritt beginnt, System in die eigenen Finanzen zu bringen

Du hast schon seit vielen Jahren den Blog Reich-mit-Plan. Was erfahren Besucher auf dieser Seite?

Anfangs war mein Blog noch ein reiner Finanzblog. Hier habe ich allgemeine Themen aus der Finanzwelt erklärt. In den vergangenen Jahren habe ich mich aber weiterentwickelt. Und so haben sich auch die Themen im Blog verändert. Heute geht es in meinem Blog ausschließlich um das Thema Geldanlage und Vermögensaufbau mit Hilfe von Dividenden-Strategien. Hauptkern meiner Strategie ist der bereits erwähnte Dividenden-Alarm. Er beruht auf meiner Anlagestrategie und verfolgt ein genaues Ziel. Meine Leser wissen so, wann sie am Markt aktiv werden sollten und welche Dividenden-Aktien dann überhaupt nur in Frage kommen. Im Grunde lege ich genauso mein Geld an. Langweilig, aber antizyklisch, mit System und Struktur.

Brandon - frisch gekündigt mit 33

Brandon ist 33 Jahre alt und US-Amerikaner. Mit seiner schottischen Frau Jill lebt er in Edinburgh. Im Herbst 2016 haben einige Magazine über Brandon berichtet. Er hatte Ende August seine letzte Anstellung beendet, um in Zukunft von seinem Vermögen zu leben. Mit 33 zu einem recht frühen Zeitpunkt, worüber eben genau berichtet wurde. Ich durfte Brandon und Jill im Sommer 2016 in Budapest kennenlernen und freue mich über die Einblicke, die Brandon in diesem Gespräch und auf seinem Blog Madfientist.com teilt.

Brandon, wie bist Du auf den Gedanken gekommen, finanziell frei sein zu wollen?

Den hatte ich zunächst gar nicht. Ich habe bloß noch nie besonders viel Geld ausgegeben und hatte dann einfach Freude daran, Geld anzusparen. Es hat Spaß gemacht, zu sehen, wie es wächst. Einen richtigen Plan, was ich mit diesem ganzen Geld machen sollte, hatte ich nicht. Da gab es keinen besonderen Konsumwunsch, wie ein Haus oder ein besonders teures Auto. Irgendwann bin ich dann auf die Internetseite earlyretirementextreme.com gestoßen und mir war schlagartig klar, dass hier meine Zukunft lag. Genau diese Freiheit, auf die wollte ich in Zukunft hin sparen.

Ist der Gedanke von finanzieller Freiheit in den USA bekannter und populärer, als bei uns in Europa?

Ja, das würde ich schon sagen. Das liegt möglicherweise an den höheren Gehältern, die zum Teil in den USA gezahlt werden und an den möglichen geringeren Lebenshaltungskosten dort. Aus dieser Spanne ergibt sich ja finanzielle Freiheit. Zumindest in Großbritannien habe ich die Lebenshaltungskosten doch als deutlich teurer erlebt, damit ist die Spanne der Möglichkeiten schon mal kleiner.

Was sind für Dich die wesentlichen Vorteile eines finanziell freien Lebens?

Das ist eindeutig der Gedanke, nicht für irgendjemanden arbeiten zu müssen. Ich möchte weiterhin arbeiten, aber nach meinen Spielregeln. Ich möchte Dinge tun, die mich interessieren und die mich weiterbringen. Zu festen Zeiten für einen Arbeitgeber zu arbeiten, gehört definitiv nicht dazu.

Hattest und hast Du Vorbilder?

Ja, wie ich schon gesagt habe, erst habe ich die Seite earlyretirementextreme.com entdeckt, und von dort ging es dann schnell weiter. Mr.Money-Mustache war meine nächste Entdeckung, dann kamen noch viele andere Seiten und deren Macher dazu wie beispielsweise lacking-ambition.com. Das waren so meine Schlüsselseiten. Dann habe ich auch noch Bücher gelesen, wie „Your money and your life". Das waren so die Initialimpulse. Im Laufe der Zeit habe ich noch viel mehr Menschen kennengelernt. Besonders durch meinen Podcast bin ich mit vielen interessanten Menschen ins Gespräch gekommen, weil ich diese dort interviewe.

Mit welcher Strategie hast Du Deinen Vermögensaufbau betrieben?

Am Anfang habe ich mich im Aktienmarkt engagiert und dabei immer versucht, besser als der Durchschnitt zu sein. Irgendwann habe ich verstanden, dass ich mit Indexfonds besser fahre und habe meine Investments immer mehr auf ETFs umgestellt. Dann habe ich mich immer sehr nach steuerlich günstigen Lösungen umgeschaut und dabei einige gute Wege gefunden. So konnte ich noch mehr Geld investieren. Grundsätzlich bin ich die ganze Zeit dem Aktienmarkt treu geblieben. Wahlweise mal in Einzelwerte und meistens in Indexfonds.

Gab es Anlageformen, die besonders viel Sorgen oder Arbeit gemacht haben?

Die Aktien nicht. Jill und ich besitzen allerdings noch zwei Häuser, die wir überwiegend selbst genutzt haben. Deshalb zählen sie eigentlich nicht als Investment. Aber sie haben viel Arbeit gemacht. Im Augenblick bin ich sehr froh, dass wir unsere aktuelle Wohnung gemietet haben. Zurückblickend kann ich sagen, dass ich mich sehr wohl mit Aktien und Indexfonds fühle und diese Anlageform mir auch keine Sorgen macht.

Wie steht Jill zu Deinem Ziel der finanziellen Freiheit?

Jill hat mein Ziel immer gekannt, aber es war nicht ihrs. Sie liebt ihren Job und hat keinen Sinn darin gesehen, 70 oder 80 % ihres Gehaltes zu sparen, wenn im nächsten Monat schon wieder Geld kommt und sie auch keine Ambitionen hatte, ihre Stelle irgendwann zu kündigen. Wir konnten mit diesen beiden unterschiedlichen Zielen ganz gut umgehen, hatten getrennte Kassen und haben in diese halt unterschiedlich gespart. Für unsere gemeinsamen Ausgaben haben wir zu gleichen Teilen in einen Topf gezahlt, so dass sie nicht plötzlich für meine Sparsamkeit geradestehen musste.

Vor einigen Jahren haben wir angefangen, uns über unser perfektes Leben auszutauschen, wie dieses so aussehen sollte. Das war ein langer Prozess, wir haben eine ganze Zeit an dieser Frage gebastelt. Wir kommen ja aus zwei verschiedenen Ländern und wir reisen beide sehr gerne. Ein perfektes Leben umfasst für uns Zeit mit beiden Familien und Zeit, um neue Länder zu entdecken. Jill erkannte irgendwann für sich, dass sie nicht ganz aufhören müsste zu arbeiten, aber dass Auszeiten für längere Reisen viel einfacher mit einem guten finanziellen Puffer zu realisieren sind. Nach diesem gedanklichen Schritt hat sich ein großartiger Wandel bei ihr vollzogen. Sie spart mit und wir konnten jetzt im Herbst/Winter 2016 eine dreimonatige Reise durch Süd- und Nordamerika antreten. Ihre Verhandlungen mit ihrem Arbeitgeber waren anders als sonst. Sie musste nicht als Bittstellerin antreten und fragen, ob sie einen längeren unbezahlten Urlaub nehmen dürfte. Sondern sie konnte auf Augenhöhe verhandeln. Wenn es geht, würde sie zurückkommen, sonst halt nicht. Der Arbeitgeber hat dieses Mal übrigens zugestimmt, wir werden das sicherlich noch häufiger machen. In jedem Fall wird sie im Frühjahr dort wieder arbeiten.

Wie seid Ihr zu so unterschiedlichen Entscheidungen gekommen? Du hast Deine Stelle gekündigt, und Jill will gerne wieder zurück zur Arbeit?

Eigentlich habe ich meine Stelle als Softwareentwickler auch gemocht. Zumindest die Teile der Tätigkeiten, die ich selbst umsetzen durfte. Aber ich war nicht einverstanden mit vielen Entscheidungen, die in meinem Unternehmen von anderen Menschen gefällt wurden. Diese Entscheidungen haben sich dann auch auf meine Projekte ausgewirkt und das hat die Arbeit nicht angenehmer gemacht. Deshalb wollte ich dann irgendwann raus. Bei Jill ist das anders. Sie ist Optometristin und hilft Tag für Tag Menschen besser zu sehen. Sie kann im wahrsten Sinne des Wortes sehen, wie sie Menschen das Leben erleichtert, und das macht ihr großen Spaß und gibt ihrer Stelle einen Sinn. Ich glaube, dieser Hintergrund hat dazu geführt, dass wir zu unterschiedlichen Entscheidungen gekommen sind.

Nun ist Deine Kündigung ja noch nicht lange her. Wie war das? War es leicht, diesen Schritt zu gehen?

Nein, das war ein großer Schritt und der war alles andere als einfach. Ich war schon sehr unsicher. Mir hat in der Zeit des Abschieds sehr geholfen, dass ich meine eigenen Projekte, wie meinen Blog bereits am Start hatte und ich somit auch andere Beschäftigungen und andere Möglichkeiten der Ablenkung hatte. Um nicht zu sagen, ich glaube, es ist sehr wichtig zu wissen, wohin die Reise geht und diese nicht nur einfach weg vom angestellten Leben geht, und man gar nicht weiß, was danach kommt. Es braucht eine klare Vision. Mit hätte alles andere sehr viel Angst gemacht. Dazu kommt natürlich die Umstellung, dass ich ab jetzt Geld aus meinem Vermögen entnehme und nicht weiter spare und mein Vermögen aufbaue. Das ist auch ein sehr ungewohntes Gefühl, ich meine, ich habe über viele Jahre dieses Vermögen aufgebaut und es ist immer mehr geworden. Dass es jetzt anders herumgeht, das ist schon sehr komisch.

Wie waren denn jetzt die ersten Monate für Dich ohne Arbeit?

Ich war überrascht, wie viele kleine Stresssignale von Gedanken an den Job bis Schlafstörungen weggefallen sind. Ich hatte die nicht so mit meinem Job in Verbindung gebracht, und diese Veränderungen stimmen mich sehr positiv. Nun bemühe ich mich, diese wertvolle freie Zeit auch zu nutzen und nicht nur einfach verstreichen zu lassen. Wir haben ausgiebige Pläne für diese Reise gemacht und es war gut, dafür Zeit zu haben. Wenn wir wieder in Schottland angekommen sind, freue ich mich sehr auf intensivere Arbeit an meinem Blog. Ich möchte gerne noch einige Finanzierungssoftware programmieren und viel an der Seite umbauen und optimieren. Und dann schweben mir noch weitere kreative Projekte vor, die ich in Zukunft angehen möchte.

Noch eine Frage zu Eurer Partnerschaft. Schottland und USA. Wie entscheidet ihr, wo ihr lebt? Finanziell frei ist das ja einfacher, aber trotzdem braucht es hier Entscheidungen, oder?

Wir wechseln uns ab und entscheiden es ungefähr Jahr für Jahr. Erst haben wir vier Jahre in Schottland gelebt, dann sechs Jahre in den USA. Jetzt sind wir seit einigen Jahren wieder in Schottland und vielleicht geht es irgendwann wieder in die USA. Oder in ein ganz anderes Land. Wir sind da nicht festgelegt.

Redest Du mit Deiner Familie und Freunden über Geldthemen? Wie reagieren sie darauf?

Eher nicht. Über Jahre habe ich den Madfientist stillschweigend herausgebracht. Ich fand es einfacher, im realen Leben darüber zu schweigen. Meine Gedanken habe ich im Internet veröffentlicht und dort auch gerne Feedback entgegengenommen und mich ausgetauscht. Aber in meinem echten Leben habe ich lieber geschwiegen. Das hat sich in den letzten Wochen etwas verändert, weil eben viele größere Seiten und Magazine über meinen frühen „Renteneintritt" berichtet und dabei auch ein Foto von mir benutzt haben. Die Reaktionen waren überraschend okay, ich hatte mit schlimmerem gerechnet. Aber im Grunde rede ich weiterhin nicht besonders gerne über unsere finanzielle Situation.

Kennst Du den Vorwurf, Du würdest Dein ganzes Wissen und Deine Ausbildung verschwenden?

Nein, überhaupt nicht. Ich empfinde es auch gar nicht so. Ich werde weiterhin Software entwickeln, nur nicht mehr für eine Firma, sondern zum Nutzen meines Blogs und meiner Zielgruppen. Ich bin überzeugt davon, dass damit viel bessere Software entstehen wird und ich damit mein Wissen viel besser einbringen kann.

Mit Blogs wie dem Madfientist wirst Du wahrscheinlich nicht viel Geld verdienen. Woher nimmst Du Deine Motivation, es trotzdem zu tun?

Ja, das stimmt. Mit Blogs viel Geld zu verdienen, ist ganz schön schwer. Wenn ich die Stunden, die ich für den Madfientist schon gearbeitet habe, zusammenzählen und dann schauen würde, auf welchen Stundenlohn ich komme, der wäre echt sehr, sehr niedrig. Aber das war auch nie meine Motivation. Das Thema Finanzielle Freiheit hat mich interessiert, und mit dem Start des Blogs war ich auf eine positive Art gezwungen, Artikel und Bücher zu lesen, um dann wieder für den Blog Artikel zu schreiben. Mit dem Start meines Podcasts kamen dann noch spannende Gesprächspartner hinzu, mit denen ich interessante und eben auch für mich sehr lehrreiche Interviews geführt habe. Mein Blog ist sozusagen mein ganz persönliches, öffentliches Bildungsprojekt. Ich finde sowas sollte jeder haben. Was mich sehr überrascht hat, war die Tatsache, dass ich im realen Leben über den Blog wirklich sehr viele spannende Menschen kennengelernt habe. Diese Kontakte haben mich ganz viel weitergebracht. Es ist wunderbar, wie viele neue Freunde ich auf vielen Konferenzen und Meetings zum Thema kennenlernen durfte. Dieses gemeinsame Zusammensitzen und Entwickeln von Strategien, wie man die finanzielle Freiheit schneller erreichen kann, das hat mich jedes Mal ein ganzes Stück weitergebracht. Ganz zu schweigen von dem Spaß.

Wie sparsam lebt ihr?

Ich schätze, wir leben schon sehr sparsam, auch wenn ich immer das Gefühl habe, dass wir uns alles kaufen, was wir benötigen. Wir haben bloß alles ziemlich optimiert und geben unser Geld sehr entspannt aus. Im Durchschnitt benötigen wir pro Jahr zusammen etwa 30 bis 40.000 US-Dollar. Obwohl wir ein Vielfaches davon verdienen. Ich erlebe uns dabei nicht besonders sparsam, aber im Vergleich zu vielen anderen Paaren ist es dies wahrscheinlich schon. Zumal in diesem Budget die Mietkosten für eine Wohnung im Zentrum von Edinburgh enthalten ist und wir etwa drei Monate im Jahr reisen. Ja, ich schätze, in der Summe sind wir insgesamt schon sparsam.

Hast Du manchmal darüber nachgedacht, noch ein bisschen mehr zu arbeiten, um Dir dann mehr Luxus leisten zu können?

Nein, überhaupt nicht. Ich finde, wir leben jetzt schon ein super Leben und alles was da noch dazukommen könnte, würde unseren Lebensgenuss nicht wirklich steigern. Das würde für uns überhaupt keinen Sinn machen.

Gab oder gibt es Unsicherheiten, wenn Du über Deine Entscheidung nachdenkst, nicht mehr angestellt und für ein regelmäßiges Einkommen zu arbeiten?

Früher gab es die schon, aber seitdem ich nicht mehr arbeite, werde ich mit jedem Tag sicherer. Einfach weil das Leben so viel lebenswerter ist. Ich bin eher erstaunt, dass nicht viel mehr Menschen aus dem normalen Arbeitstrott aussteigen. Wenn ich sehe, welche Konsumentscheidungen Freunde treffen, die sich damit immer mehr in die Zwangssituation der Arbeit bringen, dann kann ich es manchmal nicht fassen. Es gäbe einen so viel entspannteren Weg. Nein, ich bin mir sicher, dass dieser Weg für Jill und mich genau der richtige ist.

Gab es irgendwelche Hürden auf Deinem Weg zur finanziellen Freiheit?

Ja, die gab es. Ich habe es eine Zeitlang sehr übertrieben mit dem sparen. Ich wollte einfach ganz schnell finanziell frei sein und habe keine Lust mehr gehabt, für irgendwas Geld auszugeben. Dabei habe ich nicht nur mir Dinge versagt, die mir vielleicht gutgetan hätten, sondern auch Jill. Das war dann gar nicht gut für unsere Partnerschaft. Aber ich konnte dieses Problem eine Zeitlang gar nicht richtig sehen, weil ich so fokussiert war. Ich musste da erst eine neue Balance erlernen, zwischen den Freuden im Hier und Jetzt und der Verheißung von finanzieller Freiheit in der Zukunft. Jill hat mir da sehr geholfen, in dem sie immer gespiegelt hat, wann wir im Hier und Jetzt eher unglücklich waren. Dann habe ich auch lockerer gelassen, und wir haben wieder mehr ausgegeben. Aber das war schon ein Wechselspiel im Ausbalancieren. Trotzdem haben wir immer noch einen Großteil unseres Geldes gespart, aber ohne uns zu kasteien. So ging es dann deutlich besser.

Wie würdest Du die größten Vorteile eines finanziell freien Lebens für Dich zusammenfassen?

Es ist die Freiheit. Du kannst einfach jeden Tag so gestalten, wie Du das willst. Und Du hast weniger Sorgen, weil Geld nicht mehr so das Thema ist. Du hast mehr Kontrolle über Dein Leben und viel mehr Gestaltungsmöglichkeiten. In dieser Situation hat man die Möglichkeit, das Leben für sich zu finden, was einem am glücklichsten macht. Ein toller Luxus!

Welchen Ratschlag würdest Du anderen Menschen mitgeben, die auch die finanzielle Freiheit erreichen wollen?

Ich glaube, die wichtigste Frage ist die nach dem perfekten Leben. Was macht einen glücklich, wie soll dieses Leben aussehen. Diese Frage stellen sich Menschen so wenig, sie arbeiten einfach, weil es von ihnen erwartet wird und hinterfragen nichts. Wenn man herausgefunden hat, wie so ein Leben aussieht, dann kann man auch alles weglassen, was eben dazu nicht beiträgt. Und das sind im Zweifel viele Konsumentscheidungen und unnötige Ausgaben. Die kann man alle weglassen und mit diesen Einnahmen entsteht irgendwann auch finanzielle Freiheit.

Dagmar und Norbert - in anderen Ländern ist das Leben günstiger

Dagmar und Norbert habe ich vor Jahren in einem Türkeiurlaub kennengelernt. Ich fand damals schon die Lösung für ihre Probleme in Deutschland sehr pfiffig. Als ich mich an die Konzeption dieses Buches gemacht habe, war klar, ihre Geschichte braucht einen Platz in diesem Buch. Hier haben nicht zwei Personen strategisch an ihrem Vermögensaufbau gearbeitet. Nein, sie haben sich an einem bestimmten Punkt in ihrem Leben den Status quo angeschaut und daraus neue Lösungen entwickelt. Aber lassen wir sie selbst zu Wort kommen. Ich hätte die beiden heute 63jährigen als Auswanderer bezeichnet, aber hier gibt es gleich einen formalen Einspruch.

Dagmar und Norbert, warum seid Ihr ausgewandert?

Unser Status war nie der von Auswanderern. Wir haben nach wie vor unseren Wohnsitz in Deutschland und das wird auch so bleiben. Wir bezahlen in Deutschland unsere Krankenversicherungsbeträge, bezahlen Rechnungen, wie Grabpflege, Müllgebühren usw. Durch den Informationsaustausch und die Hilfe von Familie, Freunden und Bekannten sind wir nicht von Deutschland „abgeschnitten" und nehmen anstehende Verpflichtungen wahr. Wir sind mindestens einmal im Jahr in Deutschland, um uns von den Ärzten durchchecken zu lassen, größere medizinische Behandlungen, so notwendig, durchzuführen, aber auch um an den verschiedensten Familienfesten (runde Geburtstage, Einschulungen der Enkelkinder oder andere größere Familienfeiern) teilzuhaben. Allerdings sind wir schon immer wieder froh, wenn wir Deutschland wieder verlassen und „nach Hause" fliegen können.

Warum habt Ihr Deutschland „verlassen"?

Norbert war schon länger arbeitsuchend und hatte als Betriebswirt wenig bis keine Chancen auf dem Arbeitsmarkt. Qualifizierungsmaßnahmen wurden vom Amt abgelehnt, weil er als überqualifiziert eingestuft wurde. Jeder, der schon mal in dieser Situation war oder ist, kennt dann die nervige Gängelei durch das Arbeitsamt, das dann nicht Arbeit vermittelt, sondern den Arbeitslosen für die eigene Daseinsberechtigung verwaltet. Dagmar wurde Opfer des Stellenabbau-zwangs in ihrem Amt und wurde wegen fadenscheiniger Gründe entlassen. Sie hat gegen diese Entscheidung vor Gericht geklagt und diese Klage gegen die Entlassung auch gewonnen. Trotzdem hat sie sich nicht für die Wiederaufnahme der Arbeit entschlossen, sondern sich mit der Gehaltsfortzahlung bis zum Jahresende und einer Abfindung für den Ausstieg aus dem Arbeitsleben entschieden.

Was waren Gründe und wie seid Ihr darauf gekommen, Euch eine Alternative jenseits von Deutschland für Euren Lebensmittelpunkt zu suchen?

Ausgangspunkt war ein Türkeiurlaub in Dagmars „Entlassungsjahr". Norbert war von seiner Zukunftslosigkeit schon länger gefrustet und Dagmar geschockt, wie man in Deutschland mit Mitarbeitern umgehen kann. Im Türkeiurlaub angekommen, haben wir in der Nähe von Manavgat Schilder in einer Site gelesen, dass Häuser zu vermieten seien. Nachfragen ergaben, dass in dieser Site (250 m vom Meer entfernt) ein Reihenhaus für 150 € zu mieten war. Mit dieser Information ging es ans überlegen, nachdenken, diskutieren, rechnen, ob die Anmietung von einem solchen Haus im Ausland für uns eine Lebensalternative sein könnte. Nach einem halben Jahr haben wir „ja“ gesagt, waren noch mehrmals in der Türkei zur Vorbereitung und haben nach einem Jahr Vorbereitung dieses Haus gemietet. Seitdem leben wir dauerhaft längere Phasen im Ausland, erst in der Türkei, jetzt in Bulgarien.

Jeder fragt sich natürlich, wie das mit der Verständigung klappt und vor allem, wie finanziert sich das?

Die Verständigung ist spannend. Mit den wenigen türkisch gelernten Brocken, aber oft auch mit deutsch oder englisch konnten wir uns überall verständigen. In Bulgarien klappt das mit englisch, russisch oder teilweise auch mit deutsch. Besonders Dagmar macht hier gute Lernfortschritte – sie ist halt eine Frau mit Russischschulkenntnissen.

Dagmar bekommt eine Witwen- und Betriebsrente von zusammen 950 €. Dagmar hatte Erspartes und auch Norbert hatte Rücklagen aus einem Anteil eines Hausverkaufs. Wir beziehen keinerlei Sozialleistungen von irgendwoher, auch haben wir uns beim Arbeitsamt abgemeldet. Das ist uns wichtig, wir wollen eigenständig unser Leben gestalten können und nicht auf Hilfe angewiesen sein bzw. existierende Hilfssysteme „ausnutzen“. In Deutschland haben wir keine Mietkosten, wenn wir dort sind, wohnen wir bei einem Freund in seinem Haus kostenlos.

Von den 950 € konnten wir anfangs in der Türkei neben der Miete auch den gesamten Lebensunterhalt bestreiten. Größere Ausgaben wurden von den Rücklagen bestritten. Das ging etwa zwei Jahre gut, dann merkten wir, dass durch Preissteigerungen (Benzin, Getränke, Verwaltungskosten, Restaurantpreise, Frisör, TÜV, ...) doch erhebliche Lücken in unserem Budget entstanden, die wir immer öfter von den Zinsen bezahlen mussten, die wir für ein Monatssparkonto in der Türkei erhielten. Dort hatten wir Geld in türkischer Lira angelegt und erhielten zu guten Zeiten auch sehr gut Zinsen, meist um die 7 %, in einem Monat sogar 20 %.

Die Türkei ist ein wunderschönes Land. Wir haben dort sechs Jahre gewohnt und das Land erkundet. Wir kennen die türkische Mittelmeer- und Schwarzmeerküste, haben die Ägäis abgefahren, haben mit Freunden die Osttürkei erlebt. Wir sind an der damals noch friedlichen syrischen, der iranischen, irakischen und armenischen Grenze entlanggefahren. Östlicher ging es nicht. Wir sind am Ararat vorbeigefahren und haben wunderschöne historische Anlagen und naturbelassene Gegenden gesehen, wie beispielsweise Kappadokien.

Aber die Lage veränderte sich. Nicht nur die enormen Preissteigerungen, von denen die meisten Touristen nichts mitbekommen haben, sondern auch die politische Lage hat sich unserer Meinung nach negativ entwickelt – wie Herr Erdogan die Wirtschaft angekurbelt hat, hat er die Islamisierung des Staates ohne Kompromisse vorangetrieben. Jeder, der die politische Lage in der Türkei verfolgt hat, wird das gleiche Unbehagen wie wir fühlen. Letztlich ausschlaggebend für einen „Länderwechsel“ war dann die Tatsache, dass durch Erdogans Autobahnbauwahn, wir mit der Situation konfrontiert wurden, dass das schöne Tal oberhalb Alanyas mit einer Autobahn überbaut werden sollte, die auch genau über das Grundstück verlaufen sollte, in dem unser Mietshaus stand. Diesen Autobahnwahn und seine Radikalität bekommt man auch nur mit, wenn man im Land lebt und die Auswirkungen bereits an anderer Stelle gesehen hat. Wir wurden sehr nachdenklich und suchten im gegenseitigen Gesprächen immer öfter Alternativen. Deutschland war keine!!! Ein Urlaub in Bulgarien gab dann den entscheidenden Impuls. Der Vermieter unserer Ferienwohnung war deutsch, er lebte mit seiner bulgarischen Frau in Bulgarien. Mit deren Hinweisen und Unterstützung war dann der Entschluss gefasst, sich in Bulgarien ein Mietobjekt zu suchen. Wir leben jetzt im dritten Jahr in Bulgarien – in der Nähe von Burgas in einem Städtchen mit 8.000 Einwohnern.

Macht das einen Unterschied zur Türkei?

Wir wohnen jetzt in einem EU-Land, das macht einen echten Unterschied. Wir können durch unsere Russischschulkenntnisse die Schrift lesen und viele Worte klingen ähnlich. Man wird hier als Ausländer nicht abgezockt, auch wenn man natürlich wachsam sein muss. Und der wichtigste Grund, nicht mehr in der Türkei zu wohnen, sind die bezahlbaren und konstanten Lebenshaltungskosten.

Wir bezahlen jetzt in Bulgarien 300 € Miete kalt, die restlichen 650 € reichen aber für die übrigen Kosten (Strom, Wasser, Benzin, Essen und Trinken und Haushaltsmittel, Restaurant- und Theaterbesuche ...). Das ist auch nicht sonderlich verwunderlich, wenn man weiß, dass z.B. viele Rentnerinnen mit 200 Lewa (das sind ca. 100 Euro) im Monat auskommen müssen, oder ein angestellter Masseur in einem Hotel für 8 Stunden Arbeit 20 Lewa erhält.

Was gibt es aus Eurer Sicht noch über Bulgarien zu sagen?

Bulgarien ist als Land nicht so schön und abwechslungsreich wie die Türkei. Die Menschen hier sind durchweg freundlich und trotz der teilweise vorhandenen Armut lebenslustig. Die Lebensart ist im Vergleich zur Türkei viel europäischer, offener und im Vergleich zu Deutschland gibt es noch ein herzliches Miteinander – man sitzt auf der Straße zusammen und redet oder trifft sich im Restaurant zu einem Plausch bei Wasser, Kaffee oder Cola. Und wir genießen im täglichen Leben die Ruhe und Gelassenheit der Menschen, wenig oder keine Hektik, Hilfsbereitschaft, eben die südeuropäische Lebensweise.

Würdet Ihr Euch eher als Frührentner oder als finanziell frei oder als was beschreiben? Oder ist diese Zuordnung vielleicht auch egal?

Wenn man auf das Arbeitsleben fixiert ist, was wir über 30 Jahre waren, dann ist der Wechsel schon mal komisch. Zumal wir weder in die Kategorie arbeitslos, noch vor neun Jahren mit 54, in die Kategorie Rentner gepasst haben. Obwohl dies wohl am ehesten passt, immerhin leben wir von Dagmars Witwenrente. Man kann uns nicht wirklich finanziell frei nennen, denn wir haben auch jetzt hier in Bulgarien unsere finanziellen Grenzen. Aber mit dem, was wir haben, kommen wir halt hier gut bis sehr gut aus. In Deutschland wäre selbst Dagmar mit ihrer Rente alleine am Existenzminimum. Von unserem Kapital alleine könnten wir weder in der Türkei, noch in Bulgarien leben. Das stellt nur eine mehr oder weniger bescheidene Sicherheit dar. Wobei diese Aussage natürlich sehr subjektiv ist, weil sie von den Ansprüchen abhängt. Bulgarien soll und wird unsere letzte Station sein. Wir denken über ein zurück nach Deutschland nach, wenn dies aus gesundheitlichen Gründen notwendig werden würde. Mit dem Eintritt ins „echte" Rentenalter haben wir dann die Altersrente, die dann reichen muss.

Wir hatten nie Vermögen, sondern Erspartes und wir wissen alle, dass man mit sparen zu keinem Vermögen kommt. Wir hatten in der Türkei dieses Monatssparbuch. Der dramatische Kursverlust der türkischen Lira treibt uns schon Tränen in die Augen, im Moment haben wir auf diesem etwa 50 % Wertverlust. Aber da das keine großen Summen sind, akzeptieren wir das und versuchen, im Augenblick nicht daran zu denken. Vielleicht wird ja die Türkische Lira auch mal wieder stärker.

Seit den drei Jahren hier in Bulgarien gab es keine Gedanken daran, dass es nicht reichen könnte, auch weil wir so leben, dass es reicht. Die letzten zwei bis drei Türkeijahre waren in dieser Hinsicht anders und darum war Bulgarien die Lösung. Deutschland wäre aus dieser Sicht überhaupt keine Alternative.

Wie sieht Euer Alltag in Bulgarien aus?

Der Alltag hier unterscheidet sich nicht wesentlich von dem deutschen Rentner, nur dass wir nicht an Altersarmut leiden. Wir müssen auch unseren normalen Alltag organisieren. Es muss beispielsweise gekocht werden. Dabei hat besonders Dagmar Zeit, um viele neue Dinge auszuprobieren. Sie kocht Marmelade ein, macht Pesto selbst und entdeckt neue Rezepte. Heute macht das Spaß, im Arbeitsalltag hätte so eine Zusatzbelastung Stress bedeutet. Dazu kommen die üblichen Alltagsnotwendigkeiten, es muss eingekauft und die Wohnung sauber gehalten werden, der Garten will gepflegt und verschönert werden, die Hosen kommen zum Kürzen zum Schneider, das Auto muss zum TÜV oder in die Werkstatt, Versicherungen und Steuern wollen bezahlt werden und, und, und. Dazu kommen regelmäßige Fahrten zum Meer, wahlweise um dort zu baden oder nur um zu laufen und Meeresluft zu schnuppern. Wir verbringen viel Zeit mit der Suche nach neuen Reisezielen, um das Land zu erkunden. Daneben spielen wir mit dem Hund der Nachbarin, machen also auch viele Sachen, die einfach nur Spaß machen.

Das tollste: Wir machen morgens die Augen auf und überlegen, wozu wir Lust haben!

Hat es sich in den letzten neun Jahren im Ausland auch ergeben, dass Ihr einer bezahlten Arbeit nachgegangen seid?

Seit wir viel im Ausland wohnen, sind wir keiner bezahlten Arbeit mehr nachgegangen. Auch wenn man nicht mehr für Geld arbeitet, kann man sein Leben so organisieren, dass man damit zufrieden ist. Wir finden dabei besonders die gegenseitige Wertschätzung wichtig. Denn dass wir das Leben so organisiert bekommen haben, macht uns ein ganzes Stück stolz. Nicht jeder traut sich mit Mitte 50 eine solche Entscheidung zu, aus deutscher Tristesse zu entfliehen und sich an einem anderen Ort ein neues Leben aufzubauen.

Aktuell ist unser Hauptprojekt unser Garten hinterm Haus. Wir haben diesen aus einem Gemüse- und Unkrautgarten in ein sehr ansehnliches Rasen-Blumen-parkähnliches Stück verwandelt und sind weiter dabei. Also wie ganz normale alte Menschen im Ruhestand. Und wenn man das als Projekt bezeichnen will, wir sind viel mit dem Auto unterwegs. Es gibt, wie in Deutschland, immer neues zu entdecken.

Redet Ihr über Eure kreativen Geld- und Lebenslösungen auch mit Besuchern oder bei Besuchen in Deutschland?

Ja, und das so, wie wir es hier bereits geschrieben haben. So wollen wir Missverständnisse vermeiden. Es gehört nicht viel Geld dazu, um unser Leben zu leben – nur Mut, Courage und ein vernünftiger Umgang mit dem vorhandenen Geld. Darum finden auch einige Menschen in Deutschland unsere Entscheidung spannend, einige wenige können sie nicht verstehen, aber nachmachen will und wird sie keiner von den Menschen, die wir kennen. Dies erhöht im Umkehrschluss unseren Stolz für unsere mutige Entscheidung.

Wie reagieren Eure bulgarischen Nachbarn auf Euch als neue Miteinwohner?

Wenn man sich vernünftig verhält, weder den Ausländer noch die möglich bessere finanzielle Situation raushängen lässt, sich an bestimmte Gewohnheiten anpasst oder diese wenigstens akzeptiert, dann gibt es weder Neid, noch Bewunderung, sondern nur ein normales und freundliches Miteinander. Man kennt uns hier in der Straße jetzt natürlich und wusste selbstverständlich seit unserem Einzug hier, dass wir Deutsche sind. Wir grüßen uns gegenseitig freundlich und üben eher spärliche Konversation, denn gerade hier wohnen keine Bulgaren, die etwas Englisch oder deutsch sprechen, was aber die Sache gerade spannend macht. Von den unmittelbaren Nachbarn bekommen wir Gemüse, Obst und Eier aus eigenem Anbau, denn hier sind sehr viele Selbstversorger. Dieses Jahr hat Dagmar auch sehr viele Blumenpflanzen geschenkt bekommen, da man natürlich die Verwandlung unseres Ackerlandes in eine Park/Gartenlandschaft beobachtet hat.

Jakob - ohne Kinder ist vieles möglich

Jakob habe ich bei meiner Suche nach finanziell freien Menschen über einen Freund entdeckt. Er gehört eigentlich nicht in die Gruppe, da er nicht von seinen Kapitaleinkünften lebt. Stattdessen lebt er einfach so und zwischen verschiedenen Welten. Das macht ihn in meinen Augen sehr spannend! Ein freies Leben ist nicht nur möglich, wenn man genügend Geld auf der hohen Kante hat. Nein, es geht auch heute schon. Einfach so. Mich hat dieses Gespräch sehr bewegt. Einfach weil ich gemerkt habe, wie sehr ich wiederum in Vorstellungen von Sicherheit und Regeln gefangen bin. Auch der Freund, über den ich den Kontakt zu Jakob herstellen konnte, meinte dies als Einführung. Er stellte ihn folgendermaßen vor: „Ich kenne ihn aus meiner Ökojugendzeit. Alle anderen, inklusive meiner selbst, arbeiten weiterhin irgendwo im Umweltbereich. In der Hinsicht sind wir uns treu geblieben. Aber wir arbeiten auch alle viel zu viel. Jakob ist der Einzige, der sich diesem Konzept verweigert hat. Dafür bewundere ich ihn sehr.“ Logisch, dass ich den Kontakt wollte und ein spannendes Gespräch führen konnte.

Jakob, erzähl mir doch mal bitte ein bisschen über Dich.

Vorweg muss ich erstmal sagen, dass ich überhaupt nicht weiß, ob ich in deine Zielgruppe passe, denn ich lebe eben nicht von irgendwelchen Kapitaleinkünften oder passivem Einkommen. Ich lebe vor allem davon, dass ich ab und zu im teuren Europa starke Euro verdiene und dann meistens im billigeren Südamerika schwache Pesos oder Reales ausgebe. In den letzten 16 Jahren habe ich im Durchschnitt immer so zwei bis drei Monate pro Jahr gearbeitet.

Außerdem habe ich keine Kinder, was wohl das Wichtigste ist, um mir meinen Lebensstil zu ermöglichen. Ich habe keine Kinder, keine Schulden oder komische Hauskredite, keine Verpflichtungen, keine Mieten, keine Kosten für Renten-, Sozial- und Krankenversicherung, keinerlei Fixkosten also.

Und wo lebst Du?

Das ist so pauschal schwer zu beantworten. 2010 habe ich meine Wohnung in Manaus (Amazonien) aufgegeben und pendle seitdem zwischen Brasilien, Argentinien und ab und zu Europa hin und her. In Argentinien habe ich vier Pferde, mit denen ich während der

Süd-Sommer monatelang durch die Anden reite. Davor und danach (wenn es in Argentinien zu kalt ist) verbringe ich einige Monate im tropischen Brasilien, meist die eine oder andere Freundin besuchend. Im Nord-Sommer bin ich – wenn ich Geld brauche – ein paar Monate in Europa, um solches zu verdienen. Von 2001 bis 2010 habe ich vorwiegend in Manaus, Amazonas gelebt und hatte dort ein Schiff sowie zeitweise eine Straßenbar in einer Favela.

Dies ist ein spannender Lebensweg. Wie bist Du auf die Idee gekommen, diesen Lebensweg einzuschlagen?

Schon als Kind und Jugendlicher habe ich mit meinen Eltern nicht nur in Wien, sondern auch in England und Paris gelebt. Als ich mich selbst auf Reisen gemacht habe, wurden das viele lange Reisen als Rucksack-Traveller in viele andere Kontinente. Mit 29 bin ich dann erstmal als Umwelt-Lobbyist für NGOs (Nicht-Regierungs-Organisationen) nach Brüssel gegangen. Das war 1995. Mit 35 habe ich meine Zelte in Europa abgebrochen und bin als Amazonas-Kapitän nach Brasilien. Und seit 2010 lebe ich ein Gaucho-Leben mit eigenen Pferden in Argentinien. Nun mache ich das auch schon wieder sechs Jahre, da gehen mir aktuell neue Abenteuer durch den Kopf. Mal sehen, was sich wann und wo realisieren lässt. Momentan bin ich leider wegen meiner schwer erkrankten Mutter wieder etwas an Wien gefesselt.

Das gängige Modell des Lebens sieht für das Erwerbsleben den Dreiklang Ausbildung, Arbeit und frühestens ab 60 Rente vor. Was war der Auslöser, dass Du Dich diesem Dreiklang entzogen hast?

Also erstmal ist dies das Modell in Europa und wahrscheinlich auch in den USA! Andere Länder haben hier ganz andere Modelle und sind längst nicht so fixiert auf das Erwerbsleben. In deinem „Model" fehlt meiner Meinung nach ein wesentlicher Bestandteil: das Kinderkriegen! Denn es sind vornehmlich die damit verbundenen Kosten, die zur andauernden Erwerbstätigkeit zwingen. Ich selbst bin seit Jugendtagen ein Streuner gewesen, und wusste schon damals, dass ich – um mir diese Streunermöglichkeit zu erhalten – nie Kinder werde haben wollen. Schon während meines Studiums bin ich wiederholt auf mehrmonatige Reisen durch die Welt gegangen, und habe dies auch beibehalten, als ich schon gearbeitet habe. Nach ein oder zwei Jahren in einem Job, ob in Wien oder Brüssel, habe ich den Rucksack geschultert und bin für Monate abgehauen. Die längste Reise war 13 Monate lang, ich blicke auf spannende Reisen wie eine Afrika-Durchquerung, eine Fahrt über Land nach Asien und eine Tour quer durch Zentralamerika sowie viele weiteren Reisen zurück.

Irgendwann waren mir diese typischen Rucksackreisen zu oberflächig und ich wollte mal ein Land, eine Gegend „in der Tiefe“ kennen lernen. Dies ergab sich dann bei einer kleinen Besuchsreise für geplante drei Monate zu einem Freund in Manaus im brasilianischen Amazonas. Dort „verliebte“ ich mich als Naturschützer in die ursprüngliche Landschaft und die dortigen, typischen Amazonas-Boote. Spontan entschloss ich mich während des Urlaubes, eines zu kaufen – mit dem Satz: „So ein Spielzeug will ich auch haben!“. Im Januar 2001 kam ich in Manaus an, im März desselben Jahres kaufte ich ein Fischerboot und begann es umzubauen, im Mai wurde es auf den Namen meiner soeben in Brüssel geborenen Patentochter „Amaia Rose“ getauft. Somit war ich am Amazonas gelandet, denn es machte keinen Sinn, in Manaus ein Boot zu haben, und weiterhin in Brüssel zu leben. Also kam ich zurück nach Brüssel und löste mein dortiges Leben auf. Konkret arbeitete ich noch ein paar Monate, um Geld zu verdienen und zog dann aus meiner dortigen Wohngemeinschaft aus. Nun ging es fix nach Manaus zurück. Ohne Job und ohne zu wissen, was ich dort eigentlich machen werde, außer mit einem Boot die Flüsse zu erkunden.

Spannend. Das war schon 2001. Seitdem sind gut 16 Jahre vergangen. Wie sieht Dein Leben heute aus? Wie kann ich mir Deinen Alltag vorstellen?

Wenn ich im Südsommer in Argentinien bin, dann halte ich mich dort mit meinen Pferden auf. Wir machen lange Trecks, manchmal über Monate. Zwischendurch bin ich auch mal fix in einem Dorf, in welchem ich mir auch mal ein Haus oder eine kleine Farm für ein paar Wochen oder Monate anmiete. In Brasilien genieße ich es, mit einer oder anderen Freundin frivol herumzureisen. Wenn ich in Europa bin, arbeite ich zwei oder drei Monate meistens in Deutschland oder in Brüssel. Hier verdiene ich meist bei einem Umwelt- oder Naturschutzprojekt einer NGO das Geld für das restliche Jahr.

Wieviel Geld benötigst Du ungefähr im Jahr für´ s Leben?

So genau weiß ich das nicht. Außerdem schwankt es sehr stark. Als ich noch in Manaus war, kostete der Erhalt des Schiffes einiges an Geld, ebenso die Unterstützung einer Favela-Familie. Da musste ich tatsächlich einmal im Jahr nach Europa um Geld zu verdienen.

Jetzt in Argentinien kosten mich die Pferde fast nichts. Es würde wohl reichen, alle drei Jahre für ein paar Monate nach Europa zu kommen. Aktuell denke ich, gebe ich nicht mehr als 10.000 € pro Jahr aus. Aber ich weiß es echt nicht genau.

Da muss ich nochmal nachfragen. Heißt das, dass Du in drei Monaten Arbeit in Europa 30.000 € verdienst? Und so als ganz praktische Frage, in welchem Land musst du diese Einkünfte versteuern?

Kann man so nicht rechnen, denn erstens weiß ich wirklich nicht, ob meine Schätzung stimmt. Zweitens komme ich ja momentan eh jedes Jahr her. Ich meinte eher, dass das Geld für die Kosten für meinen einfachen Lebensstil in Argentinien für drei Jahre reichen würde, wenn ich NICHT nach Europa kommen müsste. Die Reise selbst ist dabei das teuerste. Aber das nur, wenn ich dann wirklich keine großen Sprünge mache. Aktuell ist Brasilien recht teuer für mich, da kann ich mich dann nicht so lange aufhalten Und derzeit habe ich auch ein paar Ersparnisse angeknabbert. Aber all das kann sich immer sehr schnell ändern, es hängt von der wirtschaftlichen Lage der Länder ab und dem damit zusammenhängenden Wechselkurs. In Brasilien haben sich seit Mitte der oer-Jahre meine Lebenserhaltungskosten binnen einem Jahr vervierfacht. Dies lag am Brasilianischen Real, der in dieser Zeit doppelt so stark wurde, und an den Boom-Jahren, in denen dann auch die Preise anzogen. Wenn so etwas passiert, muss man eben flexibel sein und für neue Einkünfte sorgen oder das Land wechseln. Aktuell denke ich beispielsweise auch nach, wieder mal nach Asien zu ziehen, das ist noch viel billiger als Südamerika. Wenn ich dann etwa ein oder zwei Tage pro Monat eine von Europa bezahlte Arbeit mache (z.B. Online Recherche oder undercover Tätigkeiten), reicht das völlig.

Ich zahle so gut wie nie Einkommensteuer, weil ich entweder unter dem Minimum pro Jahr liege und/oder ohnehin nicht 180 Tage/Jahr in einem Land lebe. Ich verdiene also netto-für-brutto, was durchaus praktisch ist. Und im NGO-Bereich – v.a., wenn man, wie ich, Experte in einem Bereich ist – kann man schon ganz gut verdienen. Allerdings sicherlich keine 10.000 € im Monat!

Grundsätzlich rechne und berechne ich nicht wirklich. Ich gebe das Geld, das ich habe aus, und dann such ich nach Möglichkeiten, neues zu verdienen. Ich bin auch schon mehr als einmal mit den letzten Dollars zurück nach Europa gekommen.

Wie war der Moment, an dem Du gemerkt hast, dass Du mit einem neuen Lebensmodell nicht mehr im klassischen Sinn arbeiten musst?

Na ja, ich finde, ich hatte nie wirklich einen „klassischen Lebensstil“, der war mir immer schon zu blöd.

Gibt es Momente der Unsicherheit, an welchem Du Sorge hast, dass Dein neue Lebensmodell nicht aufgeht (z.B. finanziell)?

Nein. Denn vor allem habe ich kein geplantes „Lebensmodel“, das aufgehen kann oder nicht. Ich plane nix und habe keine Ahnung, was ich in einem Jahr machen werde und machen will.

Sorgst Du irgendwie für dein Leben im Alter vor?

Nein.

Ganz am Anfang hast Du gesagt, dass Du nicht in ein Krankenversicherungssystem einzahlst. Wie gehst Du mit Krankheiten um?

Hallo? Der ganz überwiegend große Teil der Menschheit hat kein Krankenversicherungssystem! Was ich mache, ist weltweit gesehen die Norm, nicht die Ausnahme. Zum Glück bin und war ich nie ernsthaft krank, und wenn ich mal zum Arzt muss, so ist das in den Ländern Südamerikas und dem Großteil der Rest der Welt ohnehin gratis – oder ich leiste mir einen privaten Arztbesuch, der für mich viel besser zu finanzieren ist, als für die meisten Menschen vor Ort. Sollte ich möglicherweise im Alter mal seriös krank werden, so habe ich kein moralisches Problem damit, meinem Leben ein Ende zu setzen – ich hoffe nur, ich habe dann den Mut und noch die Möglichkeit dazu.

Wie gestaltet sich Dein Arbeitsleben?

Ich mache freie Einsätze für NGOs: mal Recherchen oder auch Undercover-Einsätze, die durchaus weltweit sein können. Manchmal kommt es auch zu Büroeinsätzen in Brüssel oder Deutschland. Alle Arbeiten sind zeitlich sehr beschränkt, in der Regel arbeite ich tageweise bis maximal ein paar Monate. Ich arbeite dabei, weil ich eben ab und zu Geld brauche. Ich suche mir aber auch Arbeiten, die ich wichtig und richtig finde. Ich mache das zur

Hälfte sicher auch aus Überzeugung, Geld ist dabei dann gut, aber nicht die Hauptmotivation. Wäre sie es, würde ich an anderen Stellen sicherlich mehr Geld verdienen können.

Verfolgst Du andere Projekte und Herausforderungen, die man vielleicht nicht als Erwerbsarbeit bezeichnet, aber in die Du Deine Leidenschaft steckst? Was sind diese? Auf welchem Weg erhältst Du bei diesen Projekten Anerkennung? Worüber freust Du Dich?

Also erstmal grundsätzlich: Ob mit oder ohne Geld, Anerkennung von außen ist mir wurscht. Meine Projekte bewegen sich alle in den Themenbereichen von Naturschutz, Entwicklungshilfe, Tierrechte oder Umweltschutz, manchmal geht es auch um Medienthemen. Ich lebe viel in der sogenannten 3. Welt, erlebe soziale Katastrophen, politische Willkür, Gewaltbereitschaft und die Ausbeutung und Vertreibung von Menschen und die Vernichtung von Natur hautnah. Zur Behebung von Missständen setze ich meine Talente sehr gerne ein, beispielsweise im Amazonas Einsatz gegen die Regenwald-Abbrennung (mit NGOs, Indianern und auch der Österreichischen Entwicklungshilfe-Agentur) oder in Argentinien beim Einsatz gegen Gen-Soja oder gegen Tierquälereien bei Rodeos der Gauchos.

Wie sieht Dein Lebensstil aus? Ich nehme an, dass Du relativ bescheiden lebst?

„Bescheiden" ist relativ. Ich gebe für europäische Standards wenig Geld aus für ein vergleichsweise luxuriöses Leben, wenn ich beispielsweise in Brasilien an den schönsten Stränden residiere, oder mich in Argentinien in riesigen Ranches einmiete, oder mir grandiose Landhäuser miete. Nur um mal Zahlen zu nennen, mein letztes fabioses, voll eingerichtetes Landhaus mit 5 ha Grundstück für die Pferde in einem grandiosen Bergtal kostete mich letzten Dezember 200 € Miete. Zu anderen Zeiten lebe ich dann aber auch mal über Wochen im Zelt oder gar unter freiem Himmel. Von daher variiert mein Lebensstil sehr, und genau diesen Wechsel finde ich auch spannend und bereichernd. Wenn mir das Geld ausgeht, gehe ich Neues verdienen.

Bekommen andere Menschen Dein Lebensmodell mit? Wie reagieren sie darauf? Erlebst Du bei Deinen Menschen Neid und Missgunst oder eher Neugierde und Verwunderung? Wie reagierst Du darauf?

Neid und Missgunst? Nie!!!! Aber viel „pfau, wie toll!" Oder: völlige Ahnungslosigkeit, wie sie sich das vorzustellen haben. Wie ich reagiere? Gar nicht, es ist mir wurscht, wie die anderen das sehen. Höchstens belustigt es mich, wie beschränkt oft die Vorstellungskraft ist, dass man auch ganz anders leben kann. Ja, eigentlich „bewundern" mich alle, die meisten sagen aber, sie würden sich das „nicht trauen". Ich glaube auch, dass sich mit Familie die Frage eh nicht stellt.

Denkst Du manchmal darüber nach in ein klassisches Erwerbsleben zurückzukehren?

Nein. Wozu? Ich lebe ein freies Leben in den Tropen.

Wie würdest Du jemandem aus dem Weltall erklären, welches die größten Unterschiede zwischen Deinem Leben und dem Leben der meisten Weltbewohner so ist? Was würdest Du ihm als die wesentlichen Vor- und Nachteile Deines Lebensstils nennen?

Der größte Unterschied: keine Kinder!!! Na ja, und keine feste Partnerin. Der größte Vorteil: uneingeschränkte Freiheit.

Der größte Nachteil: Der Vorteil ist gleichzeitig auch der Nachteil. Meine Freiheit führt dazu, ununterbrochen Grundsatzentscheidungen treffen zu müssen. Wo soll ich leben, was soll ich mit meinem Leben jetzt anfangen, wo und wie finde ich eine Partnerin, die das zumindest ein Stück weit mitmacht und viele weitere Fragen. Die Freiheit, dass einem immer alles offensteht, kann zu Entscheidungs-Stress führen. Das kenne ich auch von vielen anderen, die so wie ich leben. Ich bin ja nun nicht der einzige so lebende Mensch.

Die meisten Menschen auf unserer Welt leben zwar nicht so wie in Europa oder den USA, aber sie haben dennoch ökonomische Zwänge, die sich aus der Notwendigkeit, Kinder groß zu ziehen, ergeben.

Die finanzielle Freiheit anstreben

Das Internet ist voll von Menschen, die die finanzielle Freiheit oder ein Leben ohne klassische Arbeit im Hamsterrad anstreben und darüber auf diversen Blogs berichten. Einige von ihnen möchte ich auch in diesem Buch zu Wort kommen lassen. Ich glaube, dass ihre Motivation, ihre Strategie und die aktuellen Wegbeschreibungen sicherlich hilfreich sein können, den eigenen Weg zu finden und in ihnen Vorbilder zu entdecken.

Finanzglück - mit Immobilien und Aktien ins Glück der finanziellen Freiheit

Den Anfang macht Nico, ein Mensch, den ich auf einer Eisenbahnmesse in Berlin persönlich kennenlernen durfte. Er ist Blogger, Investor, Vermieter, liebevoller Vater und ein leidenschaftlicher Asador. Geboren und aufgewachsen im hohen Norden ist er nach Jahren der Reiserei endlich sesshaft geworden. Mit Frau und zwei kleinen Kindern lebt er mittlerweile vor den Toren Frankfurts.

Nico hat das Ziel mit Mitte 40, solange er noch jung und knackig ist, „in den Sack zu hauen". Ab dann wird der passive Einkommensstrom aus Mieteinnahmen und Dividenden alle Ausgaben der Familie decken. Seinen Weg in die finanzielle Freiheit kannst Du auf Finanzglück mitverfolgen.

Wie und wann ist Dein Wunsch nach finanzieller Freiheit entstanden? Gab es dafür Vorbilder?

Den Wunsch gab es wohl schon seit längerem, gut versteckt irgendwo in mir. Das war aber eher unbewusst. Das Konzept der finanziellen Freiheit war mir einfach völlig fremd. Viele Jahre vor dem Rentenalter aufhören Geld verdienen zu müssen? Nur von passiven Einkommensströmen leben? Gibt's doch gar nicht.

Und dann, am 3. Juni 2013, hat sich von heute auf morgen mein Leben verändert. Damals lebte ich noch in London und surfte ziellos durchs Internet. Zufällig stieß ich auf einen Spiegel-Online Beitrag über MrMoneyMoustache, einem durchaus sympathischen Blogger mit Oberlippenbart aus den Staaten. Der Kamerad hatte doch tatsächlich mit 30 Jahren selbstständig die finanzielle Freiheit erreicht.

Das konnte doch gar nicht sein. Wie hat er das nur gemacht? Das galt es dann herauszufinden. Also arbeitete ich mich in den nächsten Tagen durch seinen kompletten Blog, inklusive Kommentare. Dann habe ich Excel angeschmissen und meinen Cash-Flow, unter verschiedenen Szenarien, für die nächsten Jahrzehnte projiziert. Und irgendwann dämmerte es mir: Gibt's ja gar nicht, das kann ja wirklich klappen!

In den letzten Jahren habe ich mich intensiv mit dem Thema auseinandergesetzt, viele Bücher und Blogs dazu gelesen, und bin mir mittlerweile sicher: Mit Mitte 40 ist Feierabend.

Mit welcher Finanzstrategie baust Du Vermögen auf?

Ich fahre zweigleisig und investiere in Immobilien und den Aktienmarkt. Neben unserem Eigenheim besitze ich zwei 55qm große Wohnungen im Prenzlauer Berg. Die Wohnungen kaufte ich 2011, nachdem ich mir mit meinen stümperhaften Aktienmarktinvestitionen eine blutige Nase geholt hatte. Und ich muss sagen, diese Investition hat sich bisher besser entwickelt als erwartet. Ich plane derzeit aber nicht, noch in weitere Immobilien zu investieren, sondern die Kredite erst mal schnellstmöglich zu tilgen.

Mein zweites Investment-Standbein ist der Aktienmarkt. Ich halte nur ca. ein Monatsgehalt als Notfallreserve auf meinem Girokonto. Alles weitere Geld, was ich darüber hinaus anspare, wird direkt in den Aktienmarkt gepumpt. Komme was wolle. Ob die Kurse durch die Decke schießen oder darniederliegen. Alles egal. Die Devise ist „immer feste druff".

Dabei bin ich, genauso wie meine beiden kleinen Kinder, passiver Buy-and-Hold Anleger. Ich investiere in drei breitgestreute ETFs, mit einer Gewichtung von 40 % MSCI World, und je 30 % Europäische Nebenwerte und Schwellenländer. Mit jeder neuen Investition stelle ich, wenn möglich, die Zielgewichtung zwischen den drei ETFs wieder her (Re-Balancing). Verkauft wird nie. Es ist schon erstaunlich, wie schnell durch konsequentes Investieren recht große Beträge zusammenkommen.

Wie weit bist Du auf dem Weg zum Ziel?

Es sieht so weit ganz gut aus, dass es mit Mitte 40 passt. Das sind also noch rund acht Jahre. Vielleicht auch etwas früher oder später. Je nachdem, wie sich das Leben und die Märkte bis dahin entwickeln. Der Zeitpunkt ist bei mir aber auch nicht in Stein gemeißelt.

Es gibt einige Faktoren, die hier mit reinspielen. Vielleicht gehe ich vorher schon ein paar Jahren in Teilzeit und ziehe somit meine finanzielle Freiheit teilweise vor. Oder verliere meinen Job. Oder wir kriegen noch mal Zwillinge! Dass alles würde die finanzielle Freiheit noch nach hinten drücken. Aber wenn alles läuft wie geplant, dann sollte es schon recht bald klappen.

Was ist so Deine individuelle Grenze, bei der Du sagst, jetzt kannst Du /bzw. Deine Familie finanziell frei leben?

Ich habe eine detaillierte Berechnung in einem Finanzglück-Beitrag dargestellt. Da gab es mehrere Szenarien, je nachdem, welchen Weg wir einschlagen. Für ein Leben mit 2.500 Euro monatlich (netto) und abbezahltem Eigenheim, bräuchten wir die Mieteinnahmen meiner beiden Wohnungen und ein Depot von ca. 450.000 Euro. Das wäre aber unter der Annahme, dass wir nie unser Kapital aufzehren würden und auch nie wieder einen Euro selber dazuverdienen.

Das ist unrealistisch. Egal was ich später mal treiben werde, irgendein Einkommen wird dabei schon abfallen, wenn auch nur ein sehr Kleines. Wenn meine Frau und ich auch nur ein Einkommen in Form eines Mini-Jobs beziehen würden, dann senkt sich das benötigte ETF-Portfolio schon auf 125.000 Euro. Es wird wohl ein Mix aus beiden Szenarien werden, also ein ETF-Portfolio im unteren bis mittleren sechsstelligen Bereich plus abbezahlte Eigentumswohnungen.

Was würdest Du als wesentliche Hürden bezeichnen, die Dich von Deinem Weg schon mal abgebracht haben oder bei denen Du befürchtest, dass sie Dich abbringen könnten?

Neben den oben genannten Härtefällen (Jobverlust, Zwillinge) gibt es noch Krankheiten, Scheidung etc., die mich aus der Bahn werfen könnten. Aber da sehe ich die Wahrscheinlichkeit als eher gering an.

Die wohl größte Gefahr lauert ganz woanders. Gut getarnt, kaum wahrnehmbar und trotzdem effizient und tödlich wie der schreckliche Pfeilgiftfrosch! Ich rede von der Lifestyle Inflation. Wenn wir es nicht schaffen sollten, unseren Lebensstil da zu halten, wo er jetzt ist, dann wird es immer schwieriger, einen ausreichenden Kapitalstock aufzubauen. Hilft also alles nichts. Wir müssen recht diszipliniert bleiben, was unsere Ausgaben angeht. Die gute Nachricht ist aber, dass es voll und ganz in unserer Hand liegt, dies nicht passieren zu lassen.

In wie vielen Jahren planst Du Deine finanzielle Freiheit erreicht zu haben?

Das Ziel ist klar vorgegeben: Ich möchte finanziell frei werden, solange ich noch jung und knackig bin! Das sollte mit Mitte 40 noch der Fall sein. Ich stecke voller Ideen, die ich gerne verwirklichen möchte. Das wird irgendwann im Alter vielleicht nachlassen – oder es gibt gesundheitliche Gründe, warum ich nicht alles ausleben kann. Aber mit Mitte 40 kann ich noch Vollgas geben.

Wie sieht Dein Leben aus, wenn Du Dein Ziel erreicht haben wirst? Wie stellst Du Dir das vor?

Ganz, ganz schwierige Frage. Nur eines weiß ich sicher, es wird anders aussehen, als ich es mir heute vorstelle. Ich habe mir schon einige Sachen überlegt, die ich dann machen möchte. Andere habe ich bereits wieder verworfen. Und wieder andere werden sich erst in den nächsten Jahren auftun.

Ich hoffe, dass sich mein Blog Finanzglück weiter so gut entwickelt, dass ich mich hier ordentlich austoben kann. Ich schreibe gerne und das Feedback meiner Leser in den Kommentaren ist Gold wert. Einige sportliche Ziele stehen noch auf meiner Liste (Iron Man – here I come!). Und nicht zuletzt habe ich eine so wunderbare Familie, mit der ich mehr Zeit verbringen möchte, als derzeit nur morgens, abends und an den Wochenenden möglich ist. Wichtig ist, dass ich in der finanziellen Freiheit mein Leben komplett an meinen Prioritäten ausrichten kann. Wie immer diese dann auch aussehen werden.

Was erfahren Leser auf Deinem Blog?

Auf Finanzglück geht um die Mischung aus Glück und Finanzen. Das macht es einzigartig unter den deutschsprachigen Finanzblogs. Denn eines ist klar: die finanzielle Freiheit an sich bringt Dir erst mal nichts. Es ist nur ein Baustein, der Dir hoffentlich zu einem glücklicheren Leben verhilft. Darum geht es. Dabei versuche ich auf Finanzglück neben allgemeinen Themen auch immer einen sehr persönlichen Bezug herzustellen. Das reicht von Einzelheiten über meine Immobilien- oder Aktienmarktinvestitionen bis hin zu Glücks-Erfahrungen mit meiner Familie, besonders meinen Kindern. Gerade die persönliche Sichtweise scheint meinen Lesern viel Mehrwert zu bieten, was sich dann in tollen Diskussionen in den Kommentaren widerspiegelt.

Mr. RIP aus der Schweiz

Mr. RIP ist ein 39jähriger Italiener. Er arbeitet als IT-Fachmann in der Schweiz. Dort lebt er seit 2012 auch mit seiner Freundin. Die Software Firma nennt er in seinem Blog Hooli. Sein englischsprachiger Blog www.retireinprogress.com beschreibt seine ganz individuelle Geschichte, seine Philosophie des Lebens und seinen ganz eigenen Weg in die finanzielle Freiheit.

Wie und wann ist Dein Wunsch nach finanzieller Freiheit entstanden? Gab es dafür Vorbilder?

Meine finanzielle Freiheit ist ein Mittel zum Zweck. Aktuell ist sie für mich ein Ziel, in Zukunft sehe ich sie als eine massive Erweiterung meiner Möglichkeiten. Dabei ist die Haupterweiterung sicherlich, dass ich dem Konzept des festen Jobs bis zur Rente viel früher entfliehen kann. Eine Möglichkeit, die es mir erlauben wird, mich auf die Dinge zu fokussieren, die mir wirklich wichtig sind und dafür die wichtigsten Ressourcen im Leben einzusetzen. Diese ist für mich eindeutig Zeit und nicht Geld. Mit der Notwendigkeit Geld zu verdienen, setzen Menschen ihre Kraft und Energie in den besten Lebensjahren und in den besten Stunden am Tag für den Traum eines Anderen ein, nicht für die eigenen Träume. Ich fühle den starken Drang, meine Zeit für die Menschen, die ich liebe, für meine Projekte und meine Träume einsetzen zu wollen.

Wie ich überhaupt zum Gedanken an die finanzielle Freiheit gekommen bin? Nun, das war vor ein paar Jahren. Ich hatte schon eine Weile bei Hooli gearbeitet und viel Geld gespart. Ohne wirkliches Ziel. Dann habe ich mir immer mein Erspartes angeschaut und kurz gerechnet. Damit kann ich 2, damit kann ich 3 Jahre leben... Wenn ich jetzt aufhören würde zu arbeiten, würde mein Geld für so-und-so viele Jahre reichen. Diese Rücklage hat mich schon deutlich selbstbewusster gegenüber meinem Arbeitgeber gemacht. Ich bin kein

Sklave, ich kann gehen, wann immer ich will. Diese Macht habe ich in letzter Zeit zweimal genutzt: Einmal, als ich vom Forscher zum Videospiel-Entwickler aufgestiegen bin und dann, als ich wiederum von meinem Video-Job in die Freiberuflichkeit gewechselt bin.

Aber jetzt habe ich immer noch nicht erklärt, wie ich zur finanziellen Freiheit gekommen bin. Meine Reise in die finanzielle Freiheit begann mit der Entdeckung von solchen Blogs, wie mrmoneymustache.com, thesimpledollar.com und earlyretirementextreme.com. Es war für mich buchstäblich die Entdeckung einer neuen Welt. Statt darüber nachzudenken, dass mein Geld für so-und-so viele Jahre ohne Arbeit reichen könnte, könnte ich auch den Punkt erreichen, an dem ich nie mehr arbeiten müsste. Finanzielle Freiheit eben! Der Weg erschien mir einfach und logisch: Weiterhin sparen, das Einkommen erhöhen und die Differenz investieren. Letzteres hatte ich bisher noch nicht gemacht. Das alles macht man, bis das passive Einkommen höher ist als die Ausgaben. Diese Möglichkeiten produzierten eine echte Revolution in meinem Kopf. Seitdem zähle ich die Tage bis zur finanziellen Freiheit!

Unter all den wunderbaren Bloggern, die da draußen zur finanziellen Freiheit schreiben, ist mein virtueller Mentor eindeutig Pete Adeney geworden, der Mann hinter dem Mr. Money Mustache Blog. Pete ist mir von seiner philosophischen wie finanziellen Einstellung am nächsten, und am Anfang habe ich seinen umfangreichen Blog innerhalb weniger Wochen verschlungen.

Mit welcher Finanzstrategie baust Du Vermögen auf?

Meine Strategie entwickelt sich laufend im Prozess. Aktuell beschäftige ich mich mit Finanzanlagen. Im Wesentlichen funktioniert das im Augenblick für mich folgendermaßen: ich investiere 60 % in Aktien und 40 % in Anleihen - dabei können die Prozentzahlen bei Dir variieren, dies hängt vom Alter, der Risikofreudigkeit, den Möglichkeiten und steuerlichen Fragen in Deinem Land ab. Bei dieser Form der Geldanlage kann man von einem langfristigen jährlichen Wachstum von 5 – 7 % nach Inflation ausgehen. Wenn man davon 3 – 4 % ausgibt und dieser Betrag reicht, um die Lebenshaltungskosten zu decken, dann ist man für immer frei. Als Beispiel, wenn man 3.000 € pro Monat braucht, dann benötigt man eine Million Euro. Das hängt natürlich sehr davon ab, in welchem Land man lebt. Habe ich schon gesagt, dass ich nicht in der Schweiz in meine frühe Rente gehen will? Die Lebenshaltungskosten hier sind extrem hoch, man bräuchte mindestens eine zweite Million, um hier alle Kosten decken zu können. Mindestens. Ich plane zurück nach Italien zu ziehen. Zumindest gehe ich davon gerade aus, auch wenn noch einige Recherche ansteht, ob das dann wirklich passt. Da gibt es im Laufe der Jahre noch einige Hausaufgaben zu erledigen.

Wie weit bist Du auf dem Weg zum Ziel?

Auf dem Logo meines Blogs findet man den monatlich aktualisierten Prozentsatz. Im Oktober 2016 war ich bei 49,27 %. Im Anhang des Buches findet sich ein Link zu meinem ausführlichen Finanzdokument, in dem ich berechne, wie lange ich noch bei welcher Entwicklung brauchen werde, bis ich finanziell frei bin. Meine aktuelle Vorausberechnung geht von Anfang 2020 aus.

Was ist so Deine individuelle Grenze, bei der Du sagst, jetzt kannst Du /bzw. Deine Familie finanziell frei leben?

Ich habe mir die Grenze von 1 Mio. Euro gesetzt. Dabei bin ich ein sicherheitsliebender Typ. Ich bin ein sparsamer Mensch und kann von deutlich weniger leben als 3.000 € im Monat. Aber ich bin nicht alleine, und in der Zukunft wollen wir gerne noch wachsen. Ein bis zwei Babys wären schön. Ich vermute schon, dass die Kosten dann steigen werden. Trotzdem versuche ich, mich auf der sicheren Seite zu bewegen. Ich habe noch nicht mögliche „positive Finanzereignisse" einkalkuliert, wie Erbschaften, sowie die Italienischen und Schweizer Rentenansprüche und ganz wichtig, mein eigenes Wissen und Können. Meine Berechnungen basieren darauf, dass ich mein ganzes weiteres Leben keinen Penny mehr verdiene. Das ist sicherlich unrealistisch. Ich werde nicht mein ganzes restliches Leben auf der Couch sitzen. Im Gegenteil, ich werde sehen, an welchen Projekten oder Jobs ich Freude haben werde. Vielleicht gründe ich ein kleines Unternehmen, vielleicht schreibe ich ein Buch, biete Beratungen an oder vermiete unsere Wohnung über Airbnb, koche für Fremde oder stelle YouTube-Videos her. Es ist sehr, sehr unwahrscheinlich, dass keine dieser Aktivitäten sich irgendwie auszahlen wird.

Was würdest Du als wesentliche Hürden bezeichnen, die Dich von Deinem Weg schon mal abgebracht haben oder bei denen Du befürchtest, dass sie Dich abbringen könnten?

Bisher hat das alles sehr gut geklappt. Gut, am Anfang musste ich fast ein ganzes Jahrzehnt mit relativ geringem Einkommen leben. Gehälter in Italien sind leider sehr niedrig. Seit 4 Jahren verdiene ich ein sechsstelliges Gehalt, damals war ich 35 und damit kam mein Ziel in eine greifbare Nähe. Wenn ich mit zukünftigen Kollegen rede, die bei uns anfangen und nur halb so alt sind, dann stelle ich mir immer vor, wie ich es bereits vor 10 Jahren geschafft hätte, finanziell frei zu sein. Aber meine Phase mit geringem Einkommen war vielleicht auch sehr hilfreich um mich in Sparsamkeit zu trainieren. Diese neuen Kollegen haben meine Ziele nicht, und sie würden sie mit ihrem Lebensstil auch nie erreichen. Sie geben alles aus. Für neue Autos, gigantische Häuser und exotische Urlaubsziele. Wenn Du sparsam bist und mindestens 50 % Deines Einkommens sparst, dann stehen Dir die Türen zur finanziellen Freiheit offen. Eigentlich ist es das einzige, was wirklich zählt: Deine Sparrate. Mit einer Rate von 50 % bist Du in 17 Jahren finanziell frei. Schaffst Du 60 – 70 %, dann brauchst Du weniger als 10 Jahre. Ich verdiene viel, ich weiß, aber ich schaffe es, in einigen Monaten 80 % meines Einkommens zu sparen, im Durchschnitt hin ich knapp unter 70%. Wenn Du nicht in der jahrelangen Schule der Sparsamkeit warst, ist das schwer zu schaffen.

Es ist aber nicht alles Sonnenschein. Im Augenblick muss ich mich damit auseinandersetzen, dass mir meine Leidenschaft im Job abgeht. Mit 20 und 30 wollte ich in meinem Job richtig viel umsetzen, richtig viel bewegen und schaffen. Ich war super motiviert und 90 % meiner Energie gingen in die Arbeit. Jetzt, knapp vor der 40, lässt diese Energie doch stark zu wünschen übrig. Ich gehe aktuell zur Arbeit, weil ich halt muss. Die Tatsache, dass meine Freiheit in greifbarer Nähe ist, macht mich ungeduldig und birgt das Risiko, dass ich zumindest gefühlt in meinem Job ausbrenne. Da ich bereits 50 % meines finanziellen Zieles erreicht habe, denke ich gerade darüber nach, ein bisschen langsamer zur treten und auf eine 80 % Stelle zu reduzieren. Das würde bedeuten, nicht mehr 5 Tage, sondern nur noch 4 Tage die Woche zu arbeiten. Ich glaube, ich hätte dann auch das Gefühl, näher an einem finanziell freien Leben zu sein, immerhin wäre schon mal ein Tag frei. Trotzdem würde ich immer noch relativ viel Geld sparen können. Vielleicht würde ich mein finales Ziel erst 2022 erreichen, zwei Jahre nach meinem eigentlichen Ziel. Aber ich glaube, dass die aktuellen Vorteile größer sind, als dieser Nachteil der kleinen Verzögerung.

Und mit welchen Unsicherheiten rechnest Du? Oder bist Du Dir bei Deinen Berechnungen ganz sicher?

Ich glaube, man muss auf dem Weg immer flexibel bleiben und nachjustieren. Es käme zu Veränderungen, wenn ich nur noch 80 % arbeite. Vielleicht ziehen wir irgendwann zurück nach Italien und verändern unsere Strategie grundsätzlich. Ich habe meine Tabellen, die aktuell sagen, dass noch 41 Monate bis zur finanziellen Freiheit fehlen. Aber der eigene Glaube fehlt mir manchmal. Oder vielleicht sollte ich eher sagen, das Vertrauen. Ich habe in diesem Jahr bisher 12 % Rendite erreicht. Ich weiß, das ist zu gut, um wahr zu sein. Der Aktienmarkt ist gerade auf einem Allzeithoch und ich mache einen Bullenmarkt mit, der faktisch seit 2009 anhält. Ich wäre wirklich sehr glücklich, wenn es gut weitergeht und ich mit 45 meine finanzielle Freiheit erreiche. Das wäre dann im Jahr 2022.

Wie sieht Dein Leben aus, wenn Du Dein Ziel erreicht haben wirst? Wie stellst Du Dir das vor?

Dazu fehlt hier der Platz, um das alles zu beschreiben. Ich habe eine komplette Kategorie auf meinem Blog, in der ich beschreibe, wie ich mein Leben ausfüllen will, wenn ich nicht mehr arbeiten muss.

Ich habe Träume, Projektideen, die ich verwirklichen will, kreative Ideen, um mich neu zu entdecken und Menschen, die ich liebe, mit denen ich mehr Zeit verbringen will. Ich möchte tägliche, wöchentliche, monatliche und jährliche Routinen durchbrechen und sie neu definieren. Ich möchte gerne umweltfreundlicher leben, beispielsweise in einem Ökoprojekt oder anderen gemeinsamen Wohnformen. Ich möchte wieder viel mehr die Natur erleben. Ich möchte reisen, langsam. Ich liebe Fahrrad- und Wandertouren. Ich mag es sehr zu schreiben, das möchte ich gerne jeden Tag tun können. Dabei und vielleicht bei vielen anderen Tätigkeiten möchte ich meine Kreativität erleben. Möglichst jeden Tag. Ich möchte lernen und neue Dinge entdecken. Ich finde Astronomie und die Weltraumforschung sehr spannend und möchte dazu gerne noch viel mehr dazulernen. Gerne möchte ich einen Beitrag zur Entdeckung des Solarsystems leisten. Wie ich eingangs sagte, es gibt so viele Ideen.

Was erfahren Leser auf Deinem Blog?

Ich habe angefangen zu bloggen, um meine eigene Leidenschaft fürs Schreiben zu erproben. Außerdem wollte ich gerne mit Gleichgesinnten in Kontakt kommen und durch viele Kommentare zu meinen Plänen, Tabellen und Kalkulationen zu lernen. Außerdem versuche ich natürlich, mein Wissen und meine Erfahrung weiterzugeben, inklusive der besonderen regionalen Erfahrung in Italien und der Schweiz. Diese beiden Länder fehlen in der Gemeinschaft von finanziell freien Menschen bisher komplett. Und das Ganze gibt es mit ordentlich viel Humor und in der Weltsprache Englisch.

Mit Dividenden in die finanzielle Freiheit

Markos Wunram kommt aus Hildesheim. Er ist 37 Jahre alt. Er ist seit über 10 Jahren selbständiger IT-Berater und Buchautor im Bereich Finanzen. Seinen Weg zur finanziellen Freiheit beschreibt er auf seinem Finanz-Blog Finanzielle Freiheit mit Dividenden. Weiterhin betreibt er noch das Portal Dividenden-Nachrichten.de.

Wie und wann ist Dein Wunsch nach finanzieller Freiheit entstanden? Gab es dafür Vorbilder?

Ich habe mir im Jahre 2004 das Buch „Sichere Wege zur Finanziellen Freiheit" gekauft, weil ich da bereits im Alter von 25 Jahre begonnen habe, mich für das Thema Finanzielle Freiheit zu interessieren. Ich hatte nach der Ausbildung zum Bürokaufmann und zehn Monate Wehrpflicht meine ersten ca. vier Jahre im IT-Job gearbeitet und stellte für mich fest, dass es doch nicht der richtige Weg im Leben sein kann, als Angestellter 30-40 Jahre für jemanden anderes zu arbeiten und so kamen mir die zwei Wörter „Finanzielle Freiheit" in den Sinn, und ich recherchierte etwas im Internet und kaufte mir das oben genannte Buch.

Mit welcher Finanzstrategie baust Du Vermögen auf?

Ich bin mittlerweile seit 17 Jahren an der Börse aktiv. Wie auch viele andere Leser, habe ich in jungen Jahren Fehlentscheidungen im Bereich Finanzen getroffen. Im Alter von 20, als ich damals 1999 zu Zeiten des Neuen Marktes an der Börse investierte oder konkreter spekulierte, kamen die Gewinne und es kamen auch die Verluste.

Nach dem Neuen Markt investierte ich mein Geld und meine monatliche Sparrate in diversen Aktienfonds und schichtete 2005/2006 von aktiv gemanagten Aktienfonds in kostengünstigere Dividenden ETFs um. Da zum damaligen Zeitpunkt die Dividenden ETFs nur quartalsweise ausschütteten, habe ich ab 2010/2011 angefangen, das freigewordene Kapital in Dividenden-Aktien umzuschichten. Somit baue ich mein Vermögen seit 2011 mit Dividenden-Aktien auf. Vorwiegend Aktien aus den USA und Kanada, da man sich dort auf die kontinuierlichen Dividendenzahlungen relativ gut verlassen kann.

Wie weit bist Du auf dem Weg zum Ziel?

Auf meinem Blog habe ich seit dem Start im Herbst 2011 angefangen Ziele zu definieren. Aktuell sind es 15 Ziele für das Dividenden-Einkommen. Es begann mit dem Ziel Nr. 1, mit dem ich 500 € netto pro Monat an Dividendeneinnahmen erzielen wollte. Dieses Ziel hatte ich im April 2012 erreicht. Mein Ziel Nr. 2 waren 700 € Dividendeneinnahmen pro Monat. Dieses Ziel erreichte ich im September 2014. Das Ziel Nr. 3 mit 850 € habe ich im Juli 2015 erreicht. Jetzt arbeite ich am Ziel Nr. 4 mit 1.000 €. Es ist für dieses Jahr (2016) angepeilt. Aktuell bin ich bei einem Durchschnittseinkommen von 900 € Dividendeneinnahmen pro Monat. Somit werde ich das Ziel mit 1.000€ Netto pro Monat in 2016 schaffen oder es eben für 2017 anstreben. Das wichtigste beim Weg zum Ziel ist es, sich große Ziele zu setzen und diese auf kleine Zwischenziele runterzubrechen und zusätzlich zur Strategie (in meinem Fall das Investment in Dividenden-Aktien) über mehrere Jahre und Jahrzehnte einfach Durchhaltevermögen zu zeigen. Man benötigt Geduld und den festen Glauben an sich selber, die festgelegten Ziele auch erreichen zu können.

Was ist so Deine individuelle Grenze, bei der Du sagst, jetzt kannst Du finanziell frei leben?

Ich habe für mich als Grenze die 1.800 € an monatlichen Dividendeneinnahmen definiert. Damit wäre ich finanziell frei. Jeder hat jedoch eine andere Grenze und eine andere Vorstellung von Reichtum und finanzieller Freiheit. Ich würde auch bei 1.800 € Dividenden-Einnahmen gar nicht Schluss machen wollen, das Ziel Nr. 15 lautet: 3.500 € Dividendeneinnahmen pro Monat.

Was würdest Du als wesentliche Hürden bezeichnen, die Dich von Deinem Weg schon mal abgebracht haben oder bei denen Du befürchtest, dass sie Dich abbringen könnten?

Zum aktuellen Zeitpunkt wüsste ich keine Hürde, die mich von meinem Weg zur finanziellen Freiheit abbringen könnte. Ich bin recht minimalistisch und brauche nicht so viel zum Leben. Ich sehe viele Kollegen und Bekannte, die auf Kredit konsumieren, weil sie das jeweilige Produkt sofort haben wollen. Ich würde mit so einem Kauf lieber dann noch einmal 1-2 Wochen warten und genau überlegen, ob ich es wirklich benötige.

In wie vielen Jahren planst Du Deine finanzielle Freiheit erreicht zu haben?

Nach meinen Berechnungen könnte ich es in 4-5 Jahren geschafft haben. Dann müsste sich der Cashflow auf mindestens 1.800 € Netto Dividendeneinnahmen belaufen. Das ist meine Berechnung, jedoch weiß ich auch, dass das Leben manchmal einen anderen Weg geht und man einige Umwege gehen muss, um das Ziel dann doch noch erreichen zu können.

Wie sieht Dein Leben aus, wenn Du Dein Ziel erreicht haben wirst? Wie stellst Du Dir das vor?

Ich würde mich in meiner Selbständigkeit zu 100 % auf meine Online Aktivitäten konzentrieren und weniger als selbständiger IT-Senior Berater bei Kunden vor Ort arbeiten wollen. Damit verbunden wäre dann auch die zeitliche Flexibilität vorhanden, sich seinen Arbeitstag frei einzuteilen und keinem klassischen 9 to 5 Job nachgehen zu müssen.

Was erfahren Leser auf Deinem Blog?

Aus meiner Sicht sehe ich das so, dass ich einer der ersten deutschen Finanz-Blogger bin, der seinen Lesern seit 2011 zeigt, wie man mit dem kontinuierlichen Investment in solide Dividenden-Aktien den Weg zur finanziellen Freiheit bestreiten kann.

Auf meinen Blog kann man meine Dividenden-Aktien-Käufe verfolgen und die monatlichen Dividenden-Einnahmen, sowie interessante Neuigkeiten zu Dividenden-Aktien.

Die finanzielle Freiheit als Paar anstreben

Marielle und Mike kommen aus Oberursel bei Frankfurt am Main. Sie ist 24 Jahre und arbeitet in der Personalentwicklung einer Unternehmensberatung. Er ist 29 Jahre und arbeitet bei einem Verein, der für die Kinderbetreuung und Unterstützung im Unterricht an einer Grundschule zuständig ist. Die beiden sind seit März 2010 ein Paar und planen aktuell ihre Hochzeit im Juni 2017. Ihren Weg als Paar zur finanziellen Freiheit beschreiben sie auf ihrem Blog www.beziehungs-investoren.de.

Wie und wann ist Euer Wunsch nach finanzieller Freiheit entstanden? Gab es dafür Vorbilder?

Der gemeinsame Wunsch ist in den letzten 18 Monaten entstanden und seitdem auch sehr stark geworden. Vorher war zwar bereits der Gedanke an die Familie und der Wunsch nach viel Zeit füreinander und für die zukünftigen Kinder, aber es war uns noch nicht so klar wie das einmal passieren könnte. Zunächst dachten wir an Jobs, die uns flexible oder Vertrauensarbeitszeiten anbieten. Und wir durch Homeoffice für unsere Kinder da sein könnten. Je mehr wir allerdings in das Thema Finanzen und Investitionen eingestiegen sind, desto klarer wurde uns, dass wir das Ziel auch auf anderem Wege erreichen können.

Mit welcher Finanzstrategie baut Ihr Euer Vermögen auf?

Wir versuchen, unser Risiko zu diversifizieren. Das bedeutet, dass wir jeweils monatlich alleine in ETF-Sparpläne investieren. Diese werden automatisch abgebucht und erhöhen sich pro Jahr um fünf Prozent.

Gemeinsam investieren wir in Aktien. Dazu haben wir die Levermann-Strategie modelliert. Wir beobachten alle Aktien aus den deutschen Indizes plus die Aktien des DowJones plus etwa 250 deutsche Small Caps (kleine, indexlose Aktien). Nach einem Punktesystem, das auf zehn unterschiedlichen Kennzahlen beruht, kommen Unternehmen in die engere Wahl. Wenn die Perspektive des Unternehmens (Geschäftsbericht, Burggraben, Meldungen) attraktiv wirken, dann nehmen wir die Aktie in unser Portfolio auf. Dort bleibt sie bis sie etwa 20 Prozent Gewinn erreicht hat oder Anzeichen für eine schlechte Perspektive entstehen.

Ebenfalls gemeinsam schauen wir uns nach interessanten Immobilieninvestitionen um. Allerdings wohnen wir in Frankfurt, so dass die derzeitige Marktlage zu teuer ist. Zu teuer bedeutet hier, dass Kauf- und Mietpreis nicht mehr in einem annehmbaren Verhältnis stehen. Daher ist dies etwas auf Eis gelegt, und wir schauen uns nach anderen Standorten in der Umgebung um. Dazu sind wir allerdings noch nicht gekommen.

Den größten Hebel, um die finanzielle Freiheit zu erreichen, sehen wir aber in einem durchdachten und entsprechend umgesetzten Geschäftsmodell. Hier rauchen auch seit geraumer Zeit unsere Köpfe, so dass schon einige Ideen entstanden sind. Für 2017 steht auf unserer Agenda eine dieser Ideen anzugehen und erste (wichtige) Erfahrungen zu sammeln.

Wie weit seid Ihr auf dem Weg zum Ziel?

Noch ganz am Anfang. Wie aus der vorherigen Antwort vielleicht schon hervorgeht, sind wir gerade dabei eine solide Basis aufzubauen. Zu dieser gehört für uns, dass wir uns das nötige Wissen aneignen und die nötige Erfahrung sammeln. Ein weiterer Punkt ist eine solide finanzielle Basis und Grundabsicherung. Die mag in Deutschland zwar auch durch den Staat und die Gesellschaft gegeben sein, wir würden aber nur ungern darauf zurückgreifen. Deswegen haben wir mit den ETF-Sparplänen und mit dem Aufbau eines Aktienportfolios begonnen. Die nächsten Schritte sind Investitionen mit angesetztem Hebel (Fremdkapital), wie dies bei Immobilien oder Unternehmungen der Fall ist.

Was ist so Eure individuelle Grenze, bei der Ihr sagen würdet, jetzt können wir finanziell frei leben?

Momentan wäre die Grenze sehr gering und wir hätten sie zu zweit vermutlich bei 1.000 Euro monatlichem, passiven Einkommen erreicht. Dafür könnten wir zwar noch keine Urlaube machen und auch keine Kinder bekommen, aber wir wären ab diesem Punkt in der Grundversorgung abgesichert. Ansonsten fällt es uns schwer, eine genaue Zahl zu beziffern. Wir glauben, dass es mehr ein Gefühl als eine Tatsache ist. Wir sind dann finanziell frei, wenn wir so oft und wohin wir wollen reisen können. Wenn wir beliebig viel Zeit mit unseren Kindern verbringen können, und wenn es uns frei steht arbeiten zu gehen.

Was würdet Ihr als wesentliche Hürden bezeichnen, die Euch von Eurem Weg schon mal abgebracht haben oder bei denen Ihr befürchtet, dass sie Euch abbringen könnten?

Unter der Bedingung, dass wir als Paar weiterhin so sehr an unserer Entwicklung interessiert sind und auch weiterhin zusammenbleiben, stehen vermutlich nur sehr wenige Hürden im Weg.

Wir ergänzen uns hervorragend und haben Kompetenzen in ganz unterschiedlichen Bereichen. Auch bleiben wir in unterschiedlichen Situationen ruhig und wirken in stressigen Situationen entspannend auf den/die jeweils andere/n. Eine Trennung würde für uns als Individuen daher die größte Hürde und ein erheblichen Rückschlag bedeuten. Als Paar werden wir vermutlich die normalen Hürden und Rückschläge überwinden und verkraften müssen. Diese gehören aber einfach dazu, sonst würde das Spiel gar keinen Spaß machen!

In wie vielen Jahren plant Ihr Eure finanzielle Freiheit erreicht zu haben?

Das ist schwierig zu sagen. Da wir einige Ziele haben, wollen wir diese vorrangig umsetzen. Finanzielle Freiheit wäre dabei eher ein Nebenprodukt, was wir zwar auch priorisiert anstreben, aber nicht durchkalkulieren. Daher kann es sein, dass wir in fünf, zehn oder 15 Jahren finanziell frei sind.

Wie sieht Euer Leben aus, wenn Ihr Euer Ziel erreicht haben werdet? Wie stellt Ihr Euch das vor?

Genauso wie jetzt, nur mit mehr Reisen in die unterschiedlichsten Winkel der Welt und mehr Zeit für die Familie. Unsere Arbeit und unsere Ideen sind gleichzeitig unsere Hobbies.

Es sind Dinge, die uns totale Freude bereiten und für die wir jeden Tag gerne aufstehen. Wäre dies nicht der Fall, dann würden wir auch jetzt schon sofort etwas ändern.

Was erfahren Leser auf Eurem Blog?

Unser Blog hat den Namen „Beziehungs-Investoren“ und bei uns ist der Name Programm. Wir investieren als Paar in Aktien, unsere Beziehung, Bildung, Immobilien, unsere Gesundheit und vieles mehr. Über diese Themen schreiben wir und erzählen dabei, wie es in unserer Beziehung funktioniert und in anderen Beziehungen funktionieren könnte.

Damit unterscheiden wir uns auch von (fast) allen anderen Finanzblogs, die in der Blogosphäre unterwegs sind. Bei uns gibt es drei Perspektiven: Marielles, Mikes und unsere. Letztere ist der Kompromiss nach erfolgreicher Kommunikation und Diskussion.

Leben unter Hartz 4 Niveau mit viel persönlichem Luxus

Oliver ist 28 Jahre alt, hat in Bremen Medieninformatik und Mediendesign studiert und wohnt zurzeit in England, wo er als Softwareentwickler arbeitet. Er lebt mit seiner Freundin in einer WG, fährt mit dem Fahrrad zur Arbeit und spart rund 70 % von seinem Einkommen. Auf seinem Blog www.frugalisten.de schreibt er über seinen genügsamen Lebensstil, über clevere Spartipps, und wie er mit spätestens 39 die finanzielle Freiheit erreichen will.

Wie und wann ist Dein Wunsch nach finanzieller Freiheit entstanden?

Ich fand die Vorstellung schon immer befremdlich, 40 Jahre lang in einem 9-to-5-Job arbeiten zu müssen. Eine richtige Alternative hatte ich aber auch nicht, schließlich machten es alle anderen ja irgendwie auch so. Vor drei Jahren erzählte mir dann ein Freund vom US-Blogger Mr. Money Mustache, der mit 30 in Rente gegangen ist. Ich dachte erst, dass sei irgendein Firlefanz und klickte nur aus reiner Neugier auf den Blog. Als ich den ersten Artikel gelesen hatte, wusste ich aber: Genau das ist es, das muss ich auch machen!

Mit welcher Finanzstrategie baust Du Vermögen auf?

Momentan bespare ich ausschließlich ein ETF-Portfolio. Das besteht vor allem aus Aktien, es sind aber auch ein paar REITs, Rohstoff-Futures und Anleihen dabei. Ich mag es gerne möglichst breit diversifiziert. Bei Wertpapieren investiere ich stur passiv. Kein Market-Timing, keine Aktienanalysen, kein Dividenden-Quatsch. Vielleicht probiere ich später auch mal ein paar andere Sachen aus. P2P-Kredite, Crowdfunding, das sind alles interessante Sachen. Der wichtigste Punkt ist und bleibt aber natürlich eine fette Sparquote, damit am Ende des Monats auch möglichst viel in mein Portfolio wandert.

Wie weit bist Du auf dem Weg zum Ziel?

Ich stehe noch relativ am Anfang, da ich erst seit einem Jahr in meinem Job arbeite. Mein aktuelles Vermögen beträgt aber immerhin schon rund 60.000 €. Damit sollten etwa 15 bis 20 Prozent des Weges zur finanziellen Freiheit geschafft sein.

Was ist so Deine individuelle Grenze, bei der Du sagst, jetzt kannst Du /bzw. Deine Familie finanziell frei leben?

Ich möchte in meinem Beruf arbeiten, wie und wann ich Lust habe. Ich entwickle gerne Software und denke, dass ich auch als finanziell freier Mensch ab und an gegen Bezahlung arbeiten werde. Aber ich möchte einfach sagen können: „Ach, nächstes Jahr arbeite ich mal gar nicht. Oder nur im Winter." Sobald ich diesen Punkt erreicht habe und mein Geld auch ohne Arbeitseinkommen mindestens 20 Jahre reicht, betrachte ich mich als finanziell frei. Ich schätze, dass das etwa ab einem Vermögen von 300.000 € der Fall sein wird. Ein Vollzeit-Bürojob kommt mir dann ganz sicher nicht mehr in die Tüte.

In wie vielen Jahren planst Du Deine finanzielle Freiheit erreicht zu haben?

Ich möchte vor meinem 40. Geburtstag die finanzielle Unabhängigkeit erreichen, also in rund 12 Jahren. Vielleicht reduziere ich aber vorher schon meine Stundenzahl oder gehe in die Selbstständigkeit. Dann habe ich mit 40 zwar noch nicht vollständig ausgesorgt, kann aber früher mehr Zeit mit Hobbies, Freunden und Familie verbringen.

Wie sieht Dein Leben aus, wenn Du Dein Ziel erreicht haben wirst? Wie stellst Du Dir das vor?

Vor allem freue ich mich darauf, spontan und selbstbestimmt entscheiden zu können, was ich den Tag über unternehme. Wenn jeden Morgen um dieselbe Uhrzeit der Wecker klingelt und ich pünktlich im Büro antanzen muss, kann ich nicht einfach sagen: Heute schlafe ich mal lieber aus, mache eine Radtour oder baue mit den Kindern ein Baumhaus. An Ideen mangelt es mir nicht: Freunde und Familie besuchen, bloggen, auf Bloggertreffen gehen, Skateboard fahren, Gärtnern, Lesen, Fahrrad fahren, Fahrräder reparieren, Programmieren oder einen neuen Song auf der Gitarre lernen. Mir fällt jede Menge ein, was ich ohne Job machen würde. Auf jeden Fall alles rein freiwillig, ohne Vorgesetzte oder Deadlines.

Was erfahren Leser auf Deinem Blog?

Mit meinem Blog will ich zeigen, wie man mit der richtigen Denkweise und etwas Geschick ein luxuriöses und zufriedenes Leben mit sehr wenig Geld führen kann – und quasi nebenbei sehr schnell finanziell unabhängig wird. Im Gegensatz zu anderen Blogs finden manche meinen Lebensstil etwas „extrem“ – immerhin gebe ich weniger Geld aus, als ein Hartz-4-Empfänger monatlich zur Verfügung hat und habe trotzdem alles was ich brauche. Wer in Deutschland eine deutlich überdurchschnittliche Sparquote erreichen und mit 30 oder 40 finanziell unabhängig sein möchte, findet auf meinem Blog auf jeden Fall Ideen und Anregungen, die über die üblichen Standard-Empfehlungen hinausgehen dürften.

Marco – der Minimalist

Marco kommt aus der Nähe von Köln. Er ist 26 Jahre alt, ist ledig aber glücklich vergeben und hat keine Kinder. Er ist Bankkaufmann und zieht in Kürze mit seiner Freundin zusammen. Mitte 2015 hat er sich außerdem nebenberuflich als Webentwickler und Online-Marketer selbstständig gemacht. Seinen Weg als Minimalist und Anleger zur finanziellen Freiheit beschreibt er auf seinem Blog compoundingwealth.com.

Wie und wann ist Dein Wunsch nach finanzieller Freiheit entstanden? Gab es dafür Vorbilder?

Der Wunsch, das tun und lassen zu können und frei über seine Zeit und seinen Tag zu bestimmen, hat doch fast jeder, der nach den ersten Wochen seit der Einschulung ein wenig von der Euphorie verloren hat und den die Hausaufgaben in Fächern, die einen weniger interessieren, nicht mehr machen möchte, oder? Der konkrete Wunsch und das Verständnis für die Umsetzungsmöglichkeit kam bei mir erst vor wenigen Jahren konkret auf. Ich wollte schon immer mein eigenes Ding machen. In der Schule hatte ich schon immer den Traum von meiner eigenen Firma. Diesen habe ich mir 2015 erfüllt, allerdings mit der Sicherheit meines 9to5-Jobs im Rücken. Persönlich kenne ich leider niemanden, der finanziell frei ist, und ein wirkliches Vorbild habe ich auch nicht. Ich möchte einfach stur meine Vision verfolgen und diese eines Tages verwirklichen.

Mit welcher Finanzstrategie baust Du Vermögen auf?

Die Strategie zur Erreichung meiner Vision der finanziellen Freiheit bzw. Unabhängigkeit baut vor allem darauf auf, dass ich einerseits weniger ausgebe als ich einnehme und andererseits den daraus resultierenden Überschuss produktiv anlege. Dabei stehen Einzelaktien im Fokus und einen kleineren Teil investiere ich in meine Nebenprojekte.

Mit den Aktien verfolge ich eine klassische Dividend Growth Strategie. Allerdings kombiniert mit einer Buy and Hold Vorgehensweise um den Aufwand so gering wie möglich zu halten. Den Bereich Wertpapiere möchte ich schon seit längerer Zeit um eine Optionsstrategie ergänzen. Das hat sich aber bislang nicht ergeben. Darüber hinaus baue ich mir weitere Einkommensströme mit meiner Nebentätigkeit auf.

Wie weit bist Du auf dem Weg zum Ziel?

Auf meinem Weg zur finanziellen Freiheit bin ich noch nicht sonderlich weit vorangeschritten. Meine passiven Einnahmen machen netto aktuell ein wenig mehr als 10 % meines regulären Jobs aus. Ziel ist es aber schon, meine bisherigen Einnahmen zu mindesten 100 % oder mehr zu decken, um meine Ausgaben davon bestreiten zu können, meinen Lebensstandard ein wenig zu steigern und die Substanz trotzdem weiter auszubauen. Wie hoch meine Grenze für die tatsächliche individuelle Freiheit nachher ausfällt, kommt auf die dann aktuellen Umstände an. Hochzeit, Hauskauf, Familiengründung, Weltreise, ... Im Moment wäre ich finanziell frei, sobald das erste Mal alle meine Ausgaben ohne weitere Arbeit bezahlt werden können.

Was würdest Du als wesentliche Hürden bezeichnen, die Dich von Deinem Weg schon mal abgebracht haben oder bei denen Du befürchtest, dass sie Dich abbringen könnten?

Eigentlich sind dies nur unvorhersehbare Ereignisse. Unser spontaner Zusammenzug hat mich in meiner Sparrate ein wenig eingeschränkt. Das sehe ich aber nicht als Hürde auf meinem Weg. Wesentliche Hürden wären vor allem Krankheit oder Jobverlust. Im Moment erreiche ich eine für mich sehr hohe und akzeptable Sparrate und ich sehe sonst keine Gründe, die mich aktuell davon abhalten können.

In wie vielen Jahren planst Du Deine finanzielle Freiheit erreicht zu haben?

Ein bestimmtes Alter habe ich mir nicht auferlegt, aber ich würde gerne das erste Mal mit 30 Jahren meinen 9to5-Job ein wenig reduzieren. Er gefällt mir sehr gut und bietet mir eine sichere Rückendeckung. Dennoch denke ich, dass es eine Chance sein kann, diese Komfortzone zu verlassen - oder zumindest mit einem Bein - und seine Kraft auf andere Dinge zu fokussieren. Not macht bekanntlich erfinderisch. Ein klitzekleines bisschen Not, d.h. etwas weniger Planungssicherheit als zuvor, kann nicht schaden die eigene Kreativität zu fördern und zu fordern.

Wie sieht Dein Leben aus, wenn Du Dein Ziel erreicht haben wirst? Wie stellst Du Dir das vor?

Darüber werde ich berichten, wenn ich weiß, wie es ist. Bisher träume ich davon, so viele Dinge unternehmen zu wollen, dass mir bereits bewusst ist, dass ich das auch mit 24 freien Stunden am Tag nicht alles umsetzen kann. Also sollte die Devise dann lauten: Priorisieren und langsam eines nach dem anderen angehen.

Was erfahren Leser auf Deinem Blog?

Die Leser meines Blogs erfahren dort etwas über ein einfaches Leben und Aktien, sowie die Kombination von beidem. Ich möchte den Blick auf die unternehmerische Sicht lenken und vom langfristigen Investieren überzeugen, sodass Kurse weniger relevant werden und Krisen dadurch eventuell entspannter durchgestanden werden können. Ab und zu blicke ich aber auch mal über den Tellerrand hinaus. Out of the Box Denken, auch in den Kommentaren, ist ausdrücklich erwünscht.

Als Mutter mit Kindern die finanzielle Freiheit anstreben

Babett kommt aus Karlsruhe ist 33 Jahre alt, verheiratet und hat zwei Kinder. Sie ist Volkswirtin und wohnt am Rande von Karlsruhe. Ihren Weg als Minimalistin und Mutter von zwei kleinen Kindern beschreibt sie auf ihrem Blog.

Wie und wann ist Dein Wunsch nach finanzieller Freiheit entstanden? Gab es dafür Vorbilder?

Mein Wunsch nach finanzieller Freiheit ist entstanden, als mein Mann und ich am Ende des Studiums mit kleinem Baby und schwanger mit dem nächsten Kind nach einem Haus für unsere Familie gesucht haben. Das war vor ungefähr drei Jahren. Hier in Karlsruhe sind die Mieten sowie die Kosten für einen Hauskauf recht hoch, und so habe ich nach Wegen gesucht, wie wir uns den Traum vom Haus erfüllen können, ohne unser Leben lang verschuldet zu sein und einen Kredit abzubezahlen.

Für mich sind Freiheit und Selbstbestimmung extrem wichtig, und als ich gehört habe, dass man sich normalerweise an so einen Hauskredit 25 Jahre "fesselt", wurde mein Ehrgeiz geweckt, und ich wollte unbedingt Wege finden, die das verhindern.

Vorbilder sind für mich: die Sundance-Familie und andere digitale Nomaden-Familien, die ein Onlinebusiness betreiben und mit ihren Kindern reisen und finanzielle Freiheit anstreben, außerdem Frauen wie Monika Reich und Mara Stix.

Mit welcher Finanzstrategie baust Du Vermögen auf?

Wir sind Minimalisten, wir brauchen auch mit unseren Kindern nicht sehr viel Geld zum Leben. Das meiste Geld fließt ins Abbezahlen unseres Hauses und wir haben eine hohe Sparrate. Wir lieben es, uns zu überlegen, wo wir Kosten senken und sparen können.

Wir haben ein neues Haus gekauft, in dem wir leben bis unsere Kinder nicht mehr bei uns wohnen, dann werden wir es verkaufen und uns eine kleine Wohnung suchen oder in einem Wohnmobil leben. Wir haben einen günstigen Kredit für unseren Hauskauf bekommen und zahlen den so schnell wie möglich ab. Ich sehe den Hauskauf als Investition. Des Weiteren sparen wir circa 1.000 € im Monat und legen es in ETFs und Aktien an. Weitere Geldanlagen folgen, denn ich möchte unser Geld breit streuen, um das Risiko von Verlusten zu minimieren.

Da ich bisher noch nicht viel verdiene, ist im Moment für mich wichtig, meine Einnahmen zu erhöhen. Wenn ich höhere Einnahmen habe, möchte ich die Sparrate erhöhen, um die Zeit bis zur finanziellen Freiheit zu verkürzen.

Wie weit bist Du auf dem Weg zum Ziel?

Noch nicht so weit. Wir haben vor 3 Jahren erst begonnen an unserer finanziellen Freiheit zu arbeiten. Aber das Wachstum kann ja exponentiell gehen, von daher bin ich sehr zuversichtlich.

Was ist so Deine individuelle Grenze, bei der Du sagst, jetzt kannst Du /bzw. Deine Familie finanziell frei leben?

Ungefähr 600.000 € als Paar, falls die Kinder dann noch bei uns wohnen oder von uns finanzielle Unterstützung benötigen, müsste es mehr sein.

Was würdest Du als wesentliche Hürden bezeichnen, die Dich von Deinem Weg schon mal abgebracht haben oder bei denen Du befürchtest, dass sie Dich abbringen könnten?

Dass Einkommen aus unseren Jobs wegbricht. Immobilienkrisen hier in der Region. Falls ich mein Einkommen nicht hochskalieren kann, wie ich es aktuell vorhabe.

In wie vielen Jahren planst Du Deine finanzielle Freiheit erreicht zu haben?

In 15 Jahren konservativ gerechnet, am liebsten aber früher (5-10 Jahre)!

Wie sieht Dein Leben aus, wenn Du Dein Ziel erreicht haben wirst? Wie stellst Du Dir das vor?

Minimalistisch mit vielen Reisen, frei und selbstbestimmt.

Was erfahren Leser auf Deinem Blog?

Ich beschäftige mich auf meinem Blog babettgruen.de mit finanzieller Freiheit für Mütter. Mütter sind leider eine unterrepräsentierte Gruppe bei Diskussionen um finanzielle Freiheit. Viele Blogs von Männern holen mich als Frau nicht ab. Deswegen gibt es meinen Blog. Ich möchte zeigen, wie man sich als Mutter finanziell freimachen kann.

Frauen streben finanzielle Freiheit viel seltener an als Männer. Viele Mütter sehen sich der Altersarmut gegenüber, weil sie sich lange und intensiv um ihre Familien kümmern, aber nicht um ihre Finanzen. Ich denke, das eine muss das andere nicht ausschließen und suche nach Lösungen mit wenig Zeit und viel Spaß, die Finanzen von Müttern auf Kurs zu bringen. Das Wissen, dass Frau überhaupt finanzielle Freiheit erreichen kann, ist häufig gar nicht vorhanden. Und wenn vorhanden, ist es eine Herausforderung, neben dem stressigen Familienalltag die richtigen Strategien zu entwickeln und sie umzusetzen. Darum geht es auf meinem Blog.

Nachwort

Mein herzlicher Dank gilt meinen Gesprächspartnern und Gesprächspartnerinnen. Für ihre Offenheit über Geld zu reden. Das ist in Deutschland ja leider keine Selbstverständlichkeit. Ich konnte in den Gesprächen unglaublich viel lernen und habe mein eigenes Geldverhalten im Laufe der Monate, die ich an diesem Buch gearbeitet habe, sehr verändert. Diese Veränderung macht sich oft an Kleinigkeiten fest. An so Fragen, ob ich mir gerade noch ein Brot schmieren soll, bevor ich mich auf den Weg zum Zug mache. Das erspart den Weg zum teuren Bäcker am Bahnhof. Wenn ich in der Stadt unterwegs bin, frage ich mich bei vielen potentiellen Käufen deutlich häufiger, ob ich dieses oder jenes wirklich brauche. Ich führe seit einigen Monaten ein Haushaltsbuch und weiß seitdem genau, wie viel ich ausgebe und auch für was.

Natürlich freue ich mich besonders bei diesem Buch auf viele Verkäufe und damit passives Einkommen. Wenn ich es auch nicht für wirklich passiv halte, der Aufwand, den ich in die Erstellung dieses Buchs gesteckt habe, wird sich wahrscheinlich nie ordentlich bezahlen. Es hat sich trotzdem gelohnt. Mein Finanzwissen ist so viel besser und als Geld-Coach interessiert mich natürlich sehr, wie erfolgreiche Menschen ihre Ziele erreichen und mit welchen Gedanken sie diese ansteuern. Im Rahmen meiner Coachings und Geld-Trainings kann ich dieses Wissen weitertragen und damit vielen anderen Menschen helfen, nicht nur ihre Geldfragen zu klären, sondern sich auch mit den Gedanken und Überzeugungen dahinter zu beschäftigen. Mit den Gedanken zum Leben, zum eigenen Lebensstil und ganz wichtig, zum eigenen Selbstwert. In dem Bereich sehe ich eine enge Verknüpfung, die es Menschen unterschiedlich leicht oder schwer macht, mit ihrem Geld umzugehen. So vielfältig sich Selbstwert gestaltet, so vielfältig und individuell sind Lösungen und Antworten. Für fast alle Menschen lohnt es sich, da genauer hinzuschauen. Ob über das Medium Geld oder über andere Wege.